纪念中国人民抗日战争
暨世界反法西斯战争胜利70周年重点出版物

北平抗战实录

家风的传承
——我们家鲜为人知的抗战故事

中共北京市委党史研究室
京华时报社 编

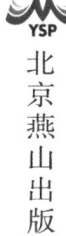
北京燕山出版社

图书在版编目（CIP）数据

家风的传承：我们家鲜为人知的抗战故事 / 中共北京市委党史研究室 , 京华时报社编 . — 北京：北京燕山出版社 , 2015.8

（北平抗战实录）

ISBN 978-7-5402-3931-2

Ⅰ.①家… Ⅱ.①中… ②京… Ⅲ.①抗日战争－史料－北京市 Ⅳ.① K265.06

中国版本图书馆 CIP 数据核字 (2015) 第 180904 号

北京市社会科学理论著作出版基金重点资助项目

家风的传承——我们家鲜为人知的抗战故事

编　　者	中共北京市委党史研究室　京华时报社 编
项目策划 项目负责	李满意
责任编辑	郭东梅　李满意
营销编辑	涂苏婷
责任校对	岳　欣　甄　飞
责任质检	李　路
封面设计	鲁　筱
社　　址	北京市西城区陶然亭路 53 号（100054）
网　　址	http://www.bjyspress.com/
微　　博	http://weibo.com/u/2526206071
微　　信	yanshanreading
电　　话	01065240430；01063581036
印　　刷	北京启恒印刷有限公司
开　　本	710mm×1000mm　1/16
字　　数	294 千字
印　　张	17
版　　次	2015 年 8 月第 1 版
印　　次	2015 年 8 月第 1 次印刷
定　　价	58.00 元
出版发行	北京燕山出版社 BEIJING YANSHAN PRESS

版权所有　盗版必究

序言

中国人民抗日战争,是中国人民反抗日本帝国主义野蛮侵略的正义战争,是世界反法西斯战争的重要组成部分,是近代以来中国反抗外敌入侵第一次取得完全胜利的民族解放战争。北平军民掀起的抗日风暴,是这场反侵略滔天怒潮中的重要组成部分。

从九一八事变后声援东北同胞到"一·二九"抗日救亡运动的兴起,从1933年长城阻敌到卢沟桥事变掀开全民族抗战的大幕,具有光荣爱国传统的北平人民始终站在抗日救亡运动的最前线。

1937年7月29日,北平沦陷。但这座有着古老历史和光荣传统的城市,遇强虏而不退,靠同心渡浩劫。

8年沦陷时期,北平民众坚持敌后抗战,在华北始终高举抗日民族解放的旗帜,增强了全国人民抗日必胜的信心。在今天的门头沟、房山、密云、延庆等地,中国共产党及其领导的八路军开辟平郊抗日根据地,成为华北抗战的重要战略支点和晋察冀边区的屏障和护卫,也是八路军战略反攻、挺进东北的堡垒阵地。

与此同时,北平城内的地下抗日活动从来没有停止,他们杀敌锄奸,向根据地输送人员,筹措和运送物资,进行统战和情报搜集工作,有力支持、配合了抗日武装斗争。

更有成千上万的北平儿女奔赴抗日前线,参加对敌作战和抗日武装,驰骋沙场,为国捐躯。为保卫祖国,支持抗战,许多百姓献出自己的财产和亲人,谱写了许许多多可歌可泣的英雄篇章。

热血与铁骨,铸就了一个不屈的北平!

正当全国人民紧密团结在以习近平同志为总书记的党中央周围,为实现"两个一百年"奋斗目标、实现中华民族伟大复兴的中国梦而努力奋斗之时,我们迎来了抗日战争胜利70周年的日子。为了铭记帝国主义侵略的那段屈辱历史,缅怀为国捐躯的先烈,祭奠惨遭荼毒的死难同胞,弘扬以"天下兴亡、匹夫有责的爱国情怀,视死如归、宁死不屈的民族气节,不畏强暴、血战到底的英雄气概,百折不挠、坚忍不拔的必胜信念"为内核的伟大的抗战精神,我们推出这套"北平抗战实录丛书",力图用感人的故事、翔实的史料、准确的表述、多样的形式,首次全方位、深层次、多角度地记述那段北平人民用血汗铸就的光辉历史,以示纪念。

北平民众为国家独立、民族解放,为中国人民抗日战争及世界反法西斯战争的胜利做出的贡献永垂不朽!

编　者

策划单位：中共北京市委宣传部
支持单位：北京市新闻出版广电局
　　　　　　北京市社会科学界联合会
　　　　　　中共北京市委党史研究室
　　　　　　北京市政协文史和学习委员会
　　　　　　北京市档案局（馆）
　　　　　　北京市文物局
　　　　　　中国人民抗日战争纪念馆等

丛书为"北京市社会科学理论著作出版基金""北京市优秀图书出版扶持专项资金"扶持项目

目　录

第一篇章　爱国爱家　榜样模范

第一机枪手范润家的抗战故事 / 3

滇缅远征兵李家荣家的抗战故事 / 9

从戎书生马剑家的抗战故事 / 15

"文武结合"游击队员任福林家的抗战故事 / 22

神枪手夫人任玉珍家的抗战故事 / 29

富家子弟史立德家的抗战故事 / 35

"疯子团"士兵王荣昆家的抗战故事 / 42

少年侦察兵杨连荣家的抗战故事 / 50

爱国军官原逢汪家的抗战故事 / 56

抗日民族英雄张西曼家的抗战故事 / 61

第二篇章　爱岗敬业　无私奉献

随机应变司务长程丙海家的抗战故事 / 69

家中独子刘巨元家的抗战故事 / 74

幕后英雄小八路孟繁武家的抗战故事 / 80

三位英雄母亲之女史庆云家的抗战故事 / 87

没当够兵的通讯员王井生家的抗战故事 / 92

热血党员王双进家的抗战故事 / 98

羊倌通讯员徐月厚家的抗战故事 / 105

妇救会主任张成凤家的抗战故事 / 112

九死一生战士赵国荣家的抗战故事 / 117

第三篇章　百折不挠　坚强不屈

儿童英雄侦察兵李志信家的抗战故事 / 125

拼命战士刘福银家的抗战故事 / 130

除夕苦战英雄孟广志家的抗战故事 / 137

夜行百里壮士王如明家的抗战故事 / 143

"仅存的"特务连战士杨润田家的抗战故事 / 150

亲历者郑云翠家的抗战故事 / 156

重伤不哭战士钟信家的抗战故事 / 163

第四篇章　勤俭节约　艰苦奋斗

儿童团战士艾德本家的抗战故事 / 171

舍命送信员程全久家的抗战故事 / 176

青年护士李存刚家的抗战故事 / 181

突袭敌营勤务兵李生旺家的抗战故事 / 188

抗战民兵梁文奎家的抗战故事 / 195

战到最后的老兵邵仁卿家的抗战故事 / 200

一臂四弹孔英雄尹景洲家的抗战故事 / 206

吃沙子米饭老兵张韶家的抗战故事 / 213

第五篇章　乐于助人　诚实友善

妇救会成员杜宏荣家的抗战故事 / 221

游击班长郭继增家的抗战故事 / 227

永不退缩的守营兵刘庆堂家的抗战故事 / 232

情报站长刘万付家的抗战故事 / 238

少年文艺兵娄连智家的抗战故事 / 245

"活着的刘胡兰"王志坡家的抗战故事 / 251

后　记 / 259

守护老兵　守护我们的精神家园
　　——为抗战老兵售书捐赠活动 / 263

第一篇章
爱国爱家 榜样模范

第一机枪手范润家的抗战故事[①]

文／王硕　图／王海欣

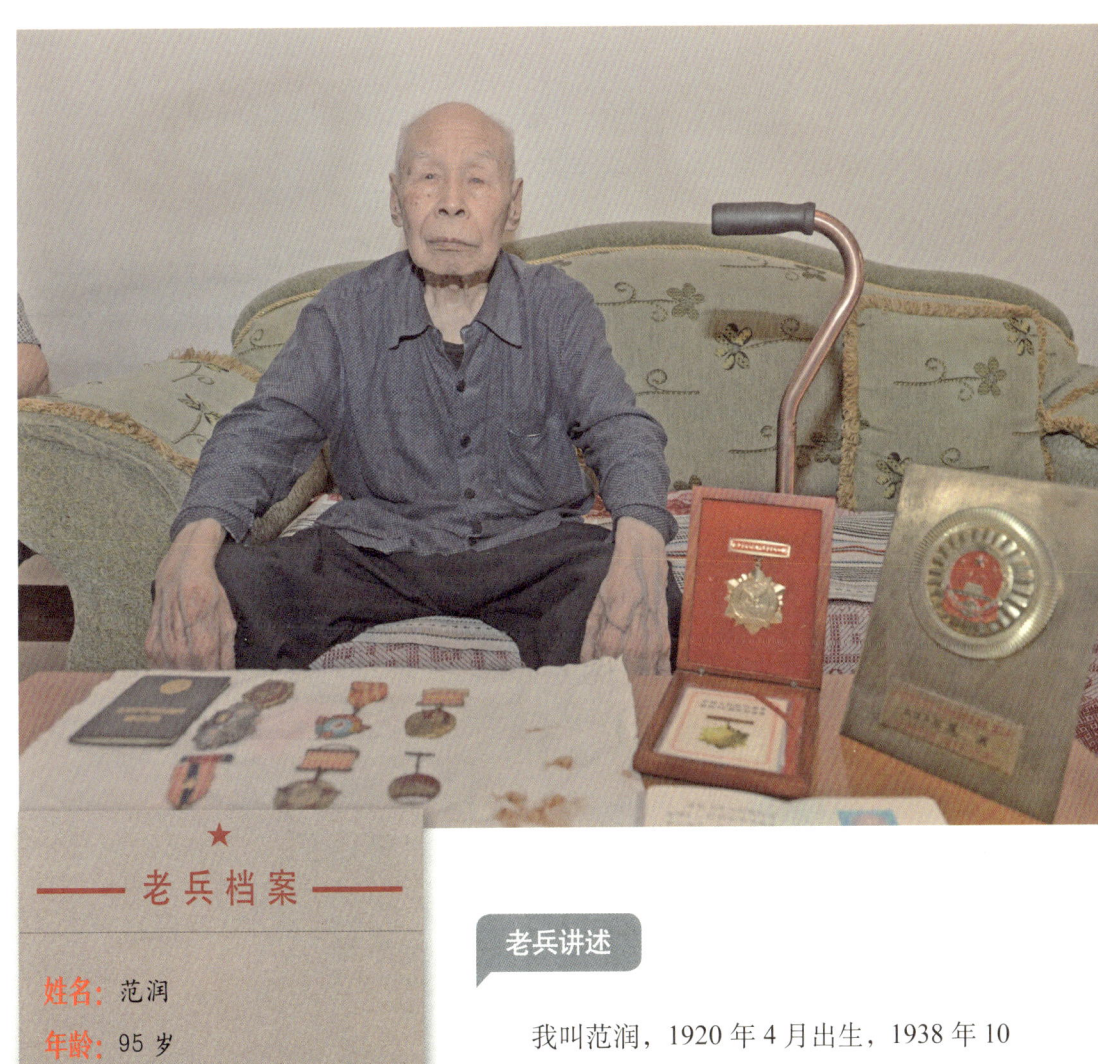

老兵档案

姓名：范润
年龄：95 岁
住址：北京市昌平区京科苑小区

老兵讲述

我叫范润，1920年4月出生，1938年10月参加昌平抗日游击队。1939年2月调入平西，编入36大队。1940年春节前后回平北，

[①] 本书中每篇文章首页照片为仍健在老兵的照片。文章中其他处的老兵单人照片，以及能清晰分辨出老兵的照片，不再做图注。——编者注

参与开辟平北抗日根据地。曾经随平北部队参加过胡庄战斗等多次战斗,并在八宝山下配合百团大战。

我是36大队的第一名机枪手,在战场上,只要敌人露头让我看到,我就能打着他。

▼ 参加游击队

1938年,我18岁。当时昌平在日本鬼子统治下,闹伪军,我身边也有一些同龄人去当了伪军。我想不通,好好的中国人,为什么要当伪军?给日本鬼子干活我是绝对不愿意的。当时八路军已经在昌平活动,而且备受百姓拥戴,我和身边的几个小伙伴就决心加入他们。

1938年5月底,八路军第四纵队为策应冀东人民武装暴动,从平西斋堂向冀东挺进,钟辉琨部队留在密云、滦平、昌平三县之间开展游击活动。7月初,昌(平)滦(平)密(云)联合县以滦平秋场、大地为中心建立。部队深入到昌平境内黄花城、九渡河(今属怀柔区)、黑山寨等地开展工作。

1938年10月,我和昌平的几十名青年怀抱着抗日的决心,参加了昌平地方组织的抗日游击队伍,成为一名游击队员。

用毛主席的话讲,游击的策略就是"打得了我就打,打不了我就走"。现在回想起来,在那种情况下,我能活下来是幸运的。我身边的一些战友,有的就没能走得了,牺牲在敌人枪口下。

虽然游击队组织形式比较松散,但大家的组织纪律观念很强。那时候出来打仗,每个人身上都带着一把小刀。但是这把刀不是用来杀敌的,而是给自己准备的,一旦被俘虏,将用这把刀来了结自己的生命,绝不当俘虏。

▼ 第一机枪手

1939年,由于生病感冒,我没有与部队一起出发去延庆,而是留在营地养病。此时,一支兄弟部队恰好赶来,除了见到战友之外,我生平第一次近距离见到了机枪。

范润所获奖章

这支部队在宣化作战时,缴获了敌人的一挺机枪,但当时的整个队伍里没有人会使用。我当年19岁，对所有的新鲜事物都感到新奇，也很爱钻研。在养病期间，我申请擦洗机枪。在一次次清洁、维护的过程中，参照部队找来的一本介绍机枪的书，我开始慢慢摸索。直到有一天，我把这挺机枪全部拆开，又重新组装完毕。

练习瞄准射击时，没有多余的子弹，我就每天端着机枪，所有物体都成为我瞄准的对象，想象着它们被一个个击中。

终于有一天，支队长说要"检验"我的训练成果。他把自己的茶缸放在距离我300米开外的地方，问我是否能击中。没有实战经验的我毫不示弱，一口应允。子弹对于部队来说弥足珍贵，我采用了点发，每次只发两枚子弹。"哒哒、哒哒"，4枚子弹击发完毕。我飞快地冲过去，小心翼翼地端起茶缸。看到茶缸上的两个窟窿，我的心快跳到了嗓子眼儿：通过了检验！我终于可以拿着机枪上战场杀鬼子了！

就这样，我成了36大队的第一名机枪手，每天晚上我都抱着枪睡觉。我的射击技术也很好，敌人一旦被我发现，就不会逃过我的子弹。

1940年冬，部队驻扎在八宝山半山腰上。有一天早晨，天刚蒙蒙亮，日本鬼子在汉奸的带领下爬上山偷袭。那时，恰好我的机枪坏了，不能使用。战斗中，我的左腿膝盖不幸被打中。听从组织的安排，我和几位受伤的战士被送往阎家坪。后来得知，在邻村两个兄弟部队支援下，当天来偷袭的105个敌人，最后剩下不到5人，带他们上山的3名汉奸也全被抓获。

子辈讲述

▼ 圆梦入伍，强军强国

我叫范继武，是范润的独子，1955年生人。我出生的时候，父亲已经从抗美援朝的战场回来并转业，但从我小的时候，就知道我父亲是当兵出身。

从小我就觉得父亲是个英雄，心中很自豪。从小的理想也是长大了一定要去当兵，要去保卫祖国。这是我的想法，也是父亲的愿望。我的名字也是根据这个起的，"继武"，父亲也是希望我能"继承武功"。

可是我当兵的梦想并不是很顺利，15岁的时候，赶上"文化大革命"，没有再上学，我就去当工人了。但是心里老想着当兵这事，1976年，在当了5年工人后，我终于当上了兵，成为南口空军后勤部队的一名军人，之后我一直在部队，直到退休。

从我15岁参加工作后，我和父亲就没在一起生活。父亲复员转业后，先是被分配到内蒙古自治区呼伦贝尔市海拉尔交易处任处长，后调到山西省临汾市314地质队工作，直到退休。

范润与老伴儿及儿子的合影

虽然父亲与我朝夕相处的时间不算很长，但父亲对我的影响依然很大，他一直是我心目中的英雄。我一直喜欢着军人这个职业。虽然和平年代的兵和父亲那个年代的兵差别很大，但是穿着军装，总觉得心里很舒服。

第二次世界大战期间，中国是东方主战场，经过那么多年的浴血奋战，终于把日本侵略者赶出中国。这是一段残酷的历史，是我们被侵略、被奴役的历史，但这段历史也告诉后人，要强大国家，强大科技，强大军队，这样才能保证我们不再被侵略，同时也有能力去维护世界的和平。

孙辈讲述

▼ 坚毅自律，理性爱国

我叫范临燕，是范润的孙女，范继武的女儿，1982年生人。因为父亲也是军人，和母亲两地分居，我从小就和爷爷奶奶生活在一起。从1岁开始一直到我上大学，我都在爷爷身边，是爷爷抱大、背大的，上下学也都是爷爷接送。

爷爷对我的教育方式，首先是从来不会无缘无故地训斥我，我要是犯错，爷爷通常也是会让我自己去思考。我觉得他更多的是以身作则，他对自己的管理很严格，而且性格坚韧，说到做到。

爷爷的膝盖在抗日战争时期受过伤，当时一到冬天，关节炎就会发作。按照普通人的做法，疼了就不去走路，要去治疗，当时医生也说他可能会留下后遗症，不能正常走路，但他就一定要站起来，一定要去走。当时我只有三四岁，但是我的印象特别深刻，在老房子的院子里，爷爷就一遍一遍地自己走，摔倒了就让我去喊人扶他起来，然后继续走，直到走到他走路和普通人一样没有区别。

作为爷爷的孙女，我心里一直有自豪感。上小学的时候，学校里有"红旗下的讲话"这个活动，那时候爷爷就曾受邀到我们学校去做红旗下的讲话，当时我就觉得很自豪，自己的爷爷能在自己的学校里讲当年他们打仗的故事，觉得在小朋友面前挺自豪。

爷爷有时候也会让我觉得震撼，有段时间国内反日情绪比较高涨，抵制日货，对日本很反感。当时我和爷爷讨论过这个问题，当时我也是个"愤青"，就觉得日本的一切都应该是不好的，日本人欠下我们中国很多债，但是爷爷的话却让我感到震撼。

他说日本的不好是当时日本政府的不好，要区分开日本政府和日本人民的区别。他说，你看当年你奶奶在东北牙疼得很厉害，就是一个日本的医生给治好的。他说，大部分日本人民是好的，由于日本军国主义的原因才造成了很多悲剧，所以你们怨恨一切和日本有关的东西，是不理智的。

爷爷当时的话是我当时没想到的，因为在我看来，爷爷是参加过抗日战争的，在战场上看到很多悲剧，我以为他要比我更憎恨日本人，但是他却有这样的思考，这对我以后辩证地看问题有很大影响。

我在德国留学多年，硕士和博士都是在德国读的。我的家庭可以说一直是比较"红"的家庭，父亲也是军人，我骨子里就有作为中国人的自豪感，愿意在自己的国家做些什么，不是因为我反感外国，或者觉得外国不好，只是我觉得我是中国人，就应该回到这里。在国外，我也曾拿到政府的奖学金，国外的公司也曾经邀请过我留下，加入国外的国籍，但我就觉得我是中国人，为什么要去做外国人，我们家也都是这样的想法，所以博士毕业后，我就回国了，现在在北京语言大学从事德语教学工作。

> **抗战魂，薪火传**

今年是抗战胜利70周年，我们为祖国而战，保卫祖国，把日本人赶出中国，我感到无比荣幸[①]，我们要永远记住这段历史。

陆润
2015.5.27

永远继承先辈的革命事业，尚書稿，居事之師，决不让历史的悲剧再次重演。

陆建武
2015年7月1日

传承老一辈坚韧不拔、勇往直前的革命精神，共创祖国更加美好的未来！

范临燕
2015年7月1日

---

① 应为"幸"。——编者注

家风的传承——我们家鲜为人知的抗战故事

滇缅远征兵李家荣家的抗战故事

文／吕高见　图／徐晓帆

老兵档案

姓名：李家荣
年龄：94岁
住址：北京市朝阳区中纺里小区

老兵讲述

▼ 求索抗战路，军校学本领

我叫李家荣，1921年出生，今年94岁，老家是安徽省肥西县卫乡李后村，现居住在朝阳区中纺里小区。

1941年，我和爱国将领卫立煌的侄子卫道铸一起拿着家书，找到了时任第一战区司令的卫立煌家，求他看在亲戚关系上在军队找个当兵的差使参加抗战。我记得，接待我们的是卫立煌的母亲，她人特别好，老人家看过家书后，问了我和卫道铸的简单情况后说："现在全国上下都一致团结抗战，政府号召上前线杀敌，黄埔军校在洛阳正招生，你们俩有文化，还是去报考军校吧。"我们觉得她说的有道理，便点头同意。临走时，她还给了我们每人5块钱，作为盘缠。

1941年，我和卫道铸一起在洛阳参加了当时黄埔军校第十八期学员班的招生考试，最后我们都如愿考上了。1941年2月至1943年10月，我在成都上了两年多军校，其中经历了抗战最困难的时期。1942年，军事训练学习艰苦,我们吃的都是"八宝饭"。所谓"八宝饭",其实就是里面有谷子、豆子、菜籽、糠皮等8种陈旧的杂粮和皮子组成的米饭,还有许多沙子,一边嚼一边吐沙子,吃不饱也是经常的事。当时困难得连煮饭煳了留下的饭锅巴,军校的伙夫拿出去贩卖都有人抢。这正说明当时的抗

李家荣在黄埔军校的学员证

战环境十分艰苦。我那时就想,在最艰苦的抗战期间报考军校,与全国军民一道克服许多困难。当时就想多学习军事本领,为的是打日寇、保家卫国。

▼ 参加远征军,押车运物资

1943年10月,军校毕业后,我先被派往湖南洪江进行短期培训。次年初,缅甸反攻战役拉开序幕,中国远征军战车团与盟军迂回包围瓦拉邦日军指挥部,痛歼日军第十八师团,斩获师团关防和军旗。

我先在战车三营,后来随着战事发展驻印军又陆续成立了战车四、五、六营,后来一共成立了7个战车营,都属于中国驻印军的直属部队。随后,又曾去过其他几个营。目的就是训练新参加中国驻印军的士兵都能熟练驾驶战车,能够尽快胜任作战任务。最危险的是印度兰姆伽属于亚热带雨林气候,蚊虫特多,疟疾流行。抗战期间感染疟疾而死的各国士兵有许多,"当年不但要同战争赛跑,还要和疟疾做斗争"。

李家荣的青年时代

1945年初,中国驻印军与滇西中国远征军在畹町附近的芒友胜利会师,中国远征军取得了决定性胜利。中印公路全线贯通。被封锁两年多的中国陆路国际援华物资运输通道再次打通。我跟随中国远征军驻印军部队回到国内,一直到抗战胜利,我就奉命一直在云南至贵州晴隆、贵阳、遵义等城镇运输线上押车运送援华的抗战物资。虽然当时在后方已无战事,但也很危险,押车走史迪威公路,也是件玩命的

差事！当时押送车队经过最危险的"24道拐"，都是惊心动魄！

▼ "滇缅公路"上，巧遇林上元

有一次，我随车队路过遵义，遇上了原来在成都中学西郊场一起上课的十八期二总队炮二队同学林上元。那次，林上元正在遵义国民政府抗战学院培训，去重庆有事找不到车，正巧看见我押着一个车队，开着一辆美国道奇吉普车，正在休息。林上元见我就问："看你面熟，你是不是军校十八期二总队炮科的？"我当时操着浓重的安徽口音说："是，正如你所说。"林上元笑笑："我是炮二队的，咱们经常一起上课，授课的是你们炮一队队长张芳桐！"林上元说他去重庆有急事，我说："搭我车吧。"后来，他又搭我车子返回到遵义。

多年后，林上元再见我时，提及此事，我早已忘记，而他一直记在心里。这几天，纪念抗战胜利70周年活动不断传来，我也精神了许多，连报纸上的大字都能念出来。全国军民在习总书记领导下隆重庆祝这个胜利的日子时，我觉得这段历史十分值得纪念，抗战历史固然重要，但无数像林上元那样的抗战官兵也值得尊敬，正是他们无数次的冲锋陷阵、忘我奋斗，甚至用鲜血才换来那场抗战胜利。我们更不要忘记，许多长眠在缅甸、印度、滇西的深山密林之中的无名英雄。

子辈讲述

▼ 深深爱国情

我叫李石，是李家荣的次子。今年父亲虽已是94岁高龄，其间经历了几十年坎坷道路，但令我最钦佩的是他几十年爱国的拳拳赤子之心。父亲一生都不善言谈，低调做人、高调做事，从不张扬，他教育我们说："战争年代上战场打仗要不怕死，要有马革裹尸还的精神，和平年代要做好事不求回报！"这是老爷子一生做人做事的座右铭。

如今，在我这一代，我继承和发扬了父亲许多优秀品质，虽然不能和父亲一样上战场杀敌，但我要以他为榜样，不管是在工作还是生活中。中国人民的抗日战争，是世界反法西斯战争的重要组成部分，中国人民以巨大的牺牲为世界反法西斯战争的最终胜利做出了重大贡献。

1942年，为挽救盟军在东南亚的危局，中国毅然组成远征军，紧急进入缅甸对日作战，在境外打出了中国国威。1943年，父亲去印度兰姆伽参加驻印军。这些都是以国家和民族利益为重，为国家和民族的根本利益奉献自己的青春和热血。如今是和平年代，我们也应该继续发扬父亲那辈人为祖国利益奉献一切的精神，在自己的岗位上为社会安定、国家富强做出自己的贡献。

孙辈讲述

▼ 巍巍忠军魂

我叫李倩，李石的女儿，李家荣的孙女。爷爷是黄埔军校毕业的，但我对爷爷当年为了抗战保家卫国去远征军的许多故事却不太清楚。

如今，在全国人民纪念抗日战争胜利70周年的日子里，我才听爸爸讲述了爷爷当年去参加中国远征军的故事，很为自己有个参加过中国远征军的爷爷而感到骄傲！在抗战时期走进黄埔的爷爷，曾告诉我说："我们入校时见到校门口清晰地写着'升官发财请走别路，贪生怕死莫入斯门'这样一副对联。"

我觉得这正是爷爷他们那一代黄埔军人，遵循以爱国主义为核心的黄埔精神，才铸就了黄埔军校的军魂。在中华民族遭受日本帝国主义侵略的危急时刻，爷爷在70多年前为抗日远赴印度参加远征军保家卫国，与全国军民并肩作战、将日寇赶出中华国土。

爷爷他们那一代人用鲜血、生命写就的功绩彪炳史册，他们用流芳后世的高尚人格和气节传承了黄埔精神。听爸爸讲爷爷为追随中国共产党在北平起义、为培养中国人民解放军的装甲兵人才孜孜不倦工作，为我们这个国家所付出的艰辛努力让我非常震撼，也为爷爷感到骄傲。

爷爷的爱国精神深深铭刻在我的记忆里，也成为一面光辉的旗帜，引领我们这些后人继续前行。

抗战魂,薪火传

纪念中国人民抗日战争胜利七十周年！
缅怀牺牲的中国远征军的战友！

李家菜

二〇一五年六月二十四日

在纪念抗战胜利七十周年之际
最想对父亲说的几句话

父亲：

您好！在纪念抗战胜利七十周年之际，作为您的儿子——中国抗日远征军的后代，最想对您说的几句话就是："我应该向您学习！为抗战胜利！远征印缅，保家卫国，爱国爱民，可歌可泣！"

中国抗日远征军驻印军直属战车营
尚健在的老兵 李录华次子 李石
二0一五年 月 日

孙女给爷爷的几句话

爷爷：您好！

我是李倩。您总是说您不是抗战英雄，而仅不过是健在的抗日战争的亲历者。记得有一位名人曾说过："不是每个人都会成为英雄，总得有人坐在路边，在英雄经过的时候，给他们鼓掌，为他们欢呼！"

在我心中爷爷就是位抗战老英雄！在纪念抗战胜利七十周年之际，我为爷爷鼓掌，为千百万抗战英雄欢呼！中华民族永远不会忘记您们的丰功伟绩！

中国远征军驻印军战车营健在的老兵
李录华孙女 李倩
二0一五年六月二十四日

家风的传承——我们家鲜为人知的抗战故事

从戎书生马剑家的抗战故事

文／迟名　图／陶冉

老兵档案

姓名：马剑
年龄：94岁
住址：北京市朝阳区广渠门南滨河路

老兵讲述

▼ 学生弃笔，加入挺进队

　　我叫马剑，山东聊城人，现居住在北京。1921年出生，今年94岁了。我在1938年参军，同年12月入党，在部队从事政治工作。

1943年10月，我因腿病入院，后被检查出肺结核、眼病，治疗了整整1年。1956年，我被调任至公安部政治部工作，1985年5月离休。

1937年，我16岁。卢沟桥边燃起战火，我跟随四叔扛起自家长枪，到马坊村西边的潘庙村报到，加入了抗日自卫团。自卫团共100多人，编成一个连队，集体食宿，并进行基础的军事训练。我年龄最小，但个子高，同样要持枪站岗、巡逻。

之后，我中学休学在家，盼望着早日复学。1938年初，我骑车进城打探消息，途中遇到一起读补习班时的同桌，他说："战事吃紧，复学已经无望。"当时有一位先生叫范筑先，是民主人士。前一年暑期城里闹水灾，范筑先身先士卒、堵口抢险，大家都很敬佩他。此番日军入侵，范筑先次子范树民组织了青年抗日挺进队，抵御外辱。

范树民和我同在二中读书，高我一级。我对他早有耳闻，便让同桌带我到挺进队。范树民上下打量我一圈说："年纪小了点。"同学在旁称："他个子不矮呀。"范树民点点头。如此，我便入了挺进队。

当时挺进队有30多人，几天后又增加十几人，我们着灰色军服，进行军事训练，范树民为大队长。党组织为争取这支青年武装，派共产党员闫戒、民先队员何方先后到队，担任政治主任和大队参谋长。他们开设政治课，为队员讲解战争形势，还组织读书会，引导队员阅读社会科学著作，开展各种文化娱乐活动。

▼ 遭遇伏击，突破包围圈

1938年8月，为配合武汉保卫战，牵制敌方兵力，鲁西北大军东下。受捷报鼓舞，挺进队挑选了60名队员，开赴前线进行武装宣传。

部队移驻德州齐河县坡赵庄后，次日凌晨，大家在休息时听到枪声。闫戒带我和另一人到村北头打探消息，回来时大队已经转移，只能继续南撤。跑到街口，埋伏在村西头的敌人向我们疯狂射击。

我们加速前进至村南头，改向西南方撤退，又走了两里路，以为脱身了，周围却又响起枪声。我们潜进右边的高粱地，敌人看不见我们，进行盲目扫射。这样走了约100米，我们放缓脚步，但又听到两声枪响，

马剑的青年时代
（1945年摄于延安窑洞外）

于是我们卧倒向对方还击,终于突破了包围圈。

回到司令部驻地后,我们得知大队转移时遭遇伏击,因地势不利,伤亡过半。敌人不肯罢休,竟派出一队骑兵,对我方重伤乃至阵亡者,采用刀劈、马踏等方式进行蹂躏。这些死难者多数与我年龄相仿,他们用老式步枪和手榴弹进行还击,范树民、何方等人壮烈牺牲。

此次突围后,闫戎命我和另一人,护送3名伤员回聊城治疗。路上没有了往日行军时的欢歌,气氛凝重而低沉。大队军事指导员杨凌九,也是伤员之一。他在担架上叫喊着:"一定要把日本强盗赶出去,一定要报仇。"此后不久,他便牺牲了。这声音我至今难忘。

我们将杨凌九顺路护送回他的家乡,一共走了150里地,次日下午抵达聊城,将两位伤员送到医院治疗。这时我接到六叔电话,称全家人都为我着急。经大队留守负责人同意,我当下回到马坊村。

▼ 抵反动分裂,坚持入党

那天回到家后,村里面逢人就问战斗的情况。有人说"你命真大,有福不享去当兵,图啥",有人说"日军飞机、大炮、机关枪,你们很难拼过",也有人竖起大拇指说,"你们是好样的"!

亲友们来家里看我,谈及我的去留,无一不为我的安全担忧。但我坚决表示想继续抗日,他们说:"乱世出英雄,出去闯闯也好。"可妈妈、奶奶还是担心,此后3日,我向她们讲道理、表决心,努力说服她们。

第四日一早,我动身归队。得知烈士遗体已经运回,并召开过追悼大会,我因未能赶上,惭愧不已。党组织增派了几名党员到队,担任政治指导员和分队长。可队员情绪未稳。恰在此时,国民党内一些反共人士,也想趁机分化挺进队。

一日,我同几名队友到城里,遇到一名着黄色军服的少校。他朝我们走来,寒暄片刻,问我们的年龄和学历。他说:"你们年轻人前途无量,按年纪,理应在学校读书。为救国抗日,参加了挺进队,可惜大队长阵亡,人心都乱了……依我看,你们不如到开封军官学校,或者去西安、重庆,我可以为你们介绍。"随后,他话锋一转说:"范筑先净用些共产党员,他和共产党不分彼此,鲁西北已红了半个天……"这时我才明白,他是在进行反共宣传,诱导我们离开挺进队、离开共产党。

次日,我和队友相约,将此事汇报给闫戎,揭露其瓦解挺进队的诡计。此事更加坚定了我追随共产党的决心。几日后，我成为中华民族解放先锋队的一员。又过了几日，有人找我谈话，征询我对共产党的看法，并向我介绍《共产党员须知》的小册子。这年12月，我正式加入了中国共产党。

弟弟讲述：

▼ 以身作则，身教胜言传

我叫马怀英，是马剑的表弟。1928年出生，今年87岁了。哥哥参军离开后，南宫县一度成为敌占区。他顾及家人，8年未归也未联系，我们以为他不在了。这期间，我的学上上停停，多半时间赋闲在家。我想参军，但家里担心，一直未能成行。1946年5月，大批干部被调至东北，哥哥就是其中一员。部队途径临清县，距马坊村很近。哥哥骑马速度快，请了几天假，绕行到马坊村。那一天，我走在村里，听说村口来了两个兵，骑着马。邻居说："不会是你哥哥吧？"我心下有些恼怒，人已经不在了，这不是说笑吗？过去一看，真是哥哥，赶紧跑去向他母亲报平安，全家人都很激动。

哥哥说这些年到过河北、太行山和陕西延安，我说也想参军。几天后，他带我和另一人，到临清县与部队会合，又到辽宁丹东，打算乘火车经朝鲜到黑龙江哈尔滨。我们在火车上坐了一夜，后又折返回丹东。等待时听说辽宁旅大需要干部，让我们改道过去。当时旅大是苏占区，哥哥在延安做过法院工作，被分配到市公安局中山分局任副局长。市委组织部长杜平知道我是新兵，就问我："你这小鬼想干什么啊？"我答："想学习学习。"杜平时任旅大建国学院副院长，让我去了那儿。

我在旅大建国学校学习了半年，又去警官学校学习了一段时间，后来也参加过一些战役。

我家中共9兄弟，7人参军，都是受哥哥影响。对于我们，他从不多说。只有一次，他致信鼓励我到前线，不要留恋大城市。他父母到旅大看他，大包小裹，他不肯用公车，到街上叫了一辆。这些年，他身教胜过言教，处处以身作则。我很尊重他，年轻时觉得他不近人情，现在只剩感谢。

家风的传承——我们家鲜为人知的抗战故事

> 子辈讲述

▼ 原则性强，不以权谋私

我叫马晓真，是马剑的大女儿。1951年出生，今年64岁了。我曾经下过乡，也当过兵，大概在1970年前后，我从黑龙江北大荒到云南。部队里条件苦，不比下乡时好过。战士们多数年龄相仿，挤在一间土房子里居住。每天早6点多起床，跑操、训练。我们所在的是导弹基地，也会接触技术问题，如导弹参数等。

当时我年纪小，没出过这么远的门。在我当兵第三四年时，终于有了一次探亲假。单程70多小时的火车，一共只在家10天。但我不觉得苦，也许和家庭教育有关。我这辈有姐弟三人，经常听父亲讲抗战的故事。他写了本几十万字的自传，花了许多心血。我们都读过，下一代也都要读。

父亲是长子，爷爷读过书，支持他抗日。早年他回家，把几个叔叔都带去当了兵。父亲在部队从事政治工作，1943年因腿病入院，会诊时发现肺结核和眼病，右眼几近失明。这样治疗1年，拄双拐回到工作岗位。调任至公安部后，父亲公差到过各地，

马剑与女儿等的合影

足迹踏遍全国,但对名胜古迹皆不清楚,每次办完案即回,绝不多留。现在他眼睛只能看清人影,依然坚持用放大镜圈出标题,让旁人为他读报。

　　我的母亲也是党员,一生忠于共产党。二老没刻意要求我们什么,但有些影响是潜移默化的。我们姐弟三人的工作、事业发展和个人生活,全是依靠自己创造,从未奢望或依靠父辈解决什么。他们这样不畏困苦、原则性强,这些品质是给予我们最大的财富。我们姐弟三人都是党员,下一代也陆续开始入党。

> **抗战魂，家风传**

在价值观日趋多元化的今天，我们更需要学习抗战英雄的事迹，通过穿越时空的心灵对话，来追寻英雄先列①永垂不朽的精神，以此来校正我们的价值观，校准我们的人生坐标。对于马家优秀的家风和家训的学习，我们将言传身教地将其发扬和传承。

北京美术家协会 杨刚
2015年8月4日

读了马剑家的抗战故事收获颇多，除了告诫自己和孩子要懂得珍惜和感恩，印象更为深刻的是，对于爱国教育和品质培养是靠潜移默化的影响，身教胜过言教，应处处以身作则。

北京第二汽车制造厂 赵银英
2015年8月4日

读了马剑家的抗战故事，让我更加具体、深刻地学习到抗战英雄们为了祖国的自由，不惜用生命代价保卫祖国的英勇事迹。从小就听长辈和老师们讲述英雄事迹，但是看到了身边马爷爷的故事着实让我更为震惊和感动。作为祖国的新一代，我们能做的就是努力学习知识和本领，珍惜老一辈用鲜血给我们换来的美好生活。

2015年8月4日
精中学 杨辰

---
① 应为"烈"。——编者注

"文武结合"游击队员任福林家的抗战故事

文／韩天博　图／赵思衡

老兵档案

姓名：任福林
年龄：89岁
住址：北京市丰台区刘家窑北里

老兵讲述

▼ 不当亡国奴，参加八路军

我叫任福林，天津人，1926年10月出生，今年89岁了。1945年5月，我参加了八路军。负伤后，1950年退伍。抗日战争期间，我参加了抗日游击队，主要在天津蓟县周边活动，和鬼子、伪军周旋了3个多月。后来又随部队北上，参加了解放战争，在战斗中负了伤。

我十几岁的时候，刘相营村经常有鬼子来"扫荡"，进出村子的路口都有鬼子站岗。村里人想进出村子，都要经过鬼子的岗哨，如果不给他们鞠躬，他们就不让人过去。当时我年龄小，虽然没有明显感觉到那是一种屈辱，但是村里有儿童团，也有共产党的教育，所以多少也懂一些，不能让鬼子骑在头上。

1945年5月，我跟着村里一名姓刘的哥哥，参加了八路军的游击队。他年长我几岁，比我早参加八路军。当时我就是一个想法，不想当亡国奴。

我第一次跟鬼子交战也就是参军后不久，当时周边几个县城范围内有不少鬼子的据点，据点之间被他们挖了不少壕沟。游击队装备差，我自己年龄也小，力气也不够，所以没和日军面对面拼过，都是用枪远距离打一些单个站岗的鬼子，打完就转移。

▼ 利用地形优势打伏击

我刚刚参加游击队一个多月，就遇到了一场比较大的伏击战。那时候，鬼子已经是强弩之末，由于整个二战局势的变化，日本将大量部队调往其他战场，兵源严重短缺。因此，鬼子不得不把有限的兵力集中在比较大的城镇中，在我

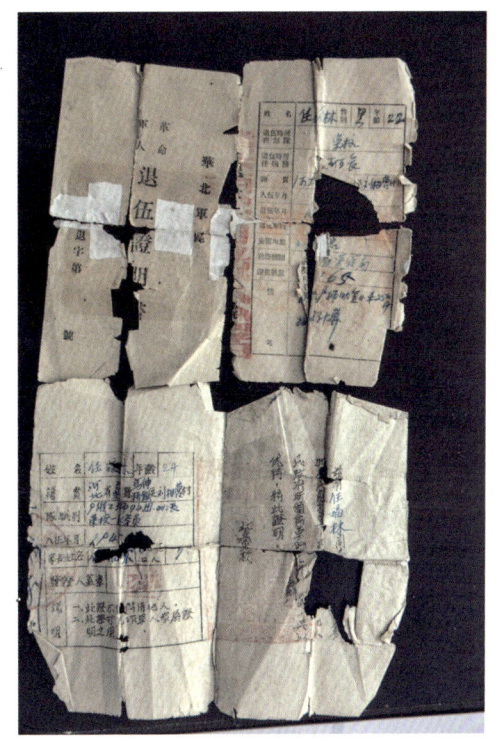

任福林的退伍证明等

们二战区内,各个据点的鬼子也纷纷向蓟县龟缩。

1945年6月的一天,我们得到情报,有一股鬼子要从马申桥镇向蓟县撤退。这两个地点之间距离35里路,路线上遍布鬼子修的壕沟和炮楼,截击难度很大。经过反复研究,我们最终把伏击地点选在了大屯附近,因为这里是鬼子进入县城的必经之路,同时周围有几个小山坡,便于隐蔽。

那天下午,一队20多人的鬼子部队果然来到了大屯附近,我们20多名游击队员,两三人一组隐蔽在附近山坡上。当时,我们手里拿的都是"汉阳造",无论是射程还是精度,和鬼子手里的"三八大盖"都没法比,而且每个人也只有五六发子弹,所以必须把鬼子放近了再打。

枪响之后,鬼子急于撤退,无心恋战,所以边打边撤,想尽快摆脱我们,往县城里跑。我们心里想,怎么可能这么便宜了他们,所以追得很紧。无奈之下,几名鬼子躲进了附近山坡上的一间庙里,并架起了机枪,对着我们隐蔽的树丛猛扫,我的两位战友不幸中弹,当场牺牲。

这次战斗,我们尽管没有消灭全部鬼子,但还是打死了一些鬼子,缴获了部分弹药,敌人连尸体都没来得及运走就跑进了县城。从那以后,鬼子往县城撤退都是小心翼翼的,没有那么猖狂了。

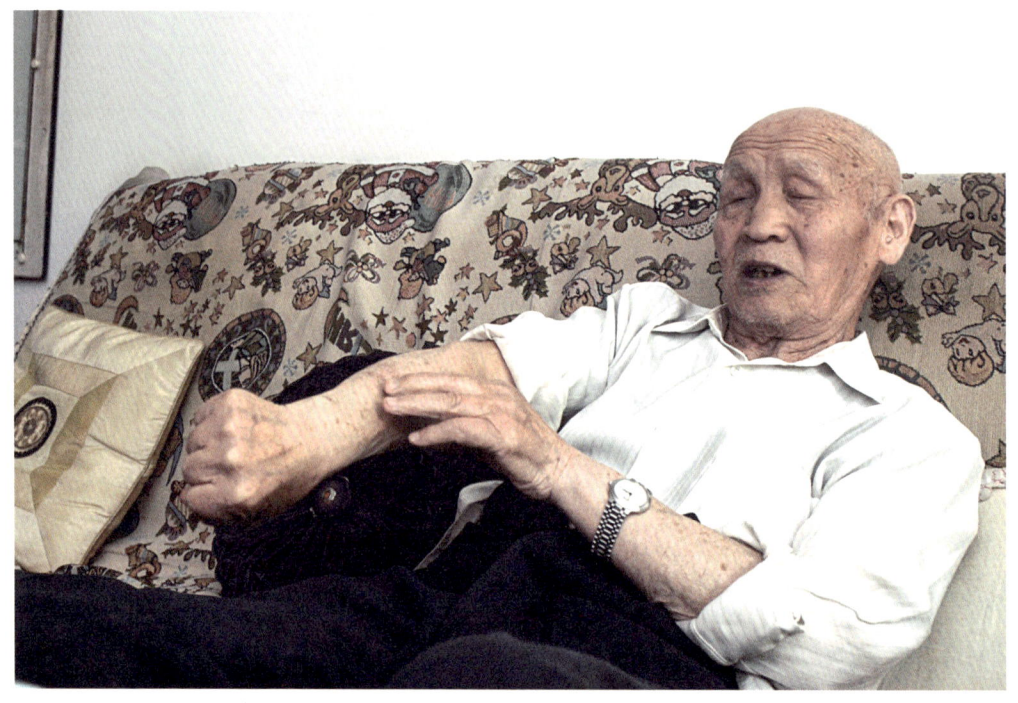

▼ "文武并用"拿下日军据点

除了伏击,拔除鬼子在天津东部8个县城周边设立的据点,也是我们游击队重要的任务。其实,在鬼子的据点里,真正的日本兵并不多,往往是几个鬼子带着几十个伪军,到了1945年,据点里的鬼子就更少了。作为游击队,我们采用的就是运动战和麻雀战,不跟敌人硬碰硬。由于敌人有飞机巡逻,我们一般没有固定的驻地,有时候在老乡家吃饭,饺子都下锅了,突然就来了任务,马上就得走。

要说我们拔过多少据点,那真是数不清楚了,但是打据点的过程,基本形成了一种"文武结合"的模式。记得有一次,我

们的队伍攻打一处距蓟县很近的据点,当时里面的伪军多,我们埋伏在周围,先放枪警告几个单个站岗的伪军。然后,战友朝里面喊话:"中国人不打中国人。"里面的伪军最终弃暗投明,跑了出来投降了。

我们占领据点以后,点了一把火,直接给它烧了,一来是我们留着它没用,二

---
① 应为"唯"。——编者注
② 应为"应"。——编者注
③ 疑为"争"。——编者注
④ 应为"净"。——编者注

来能够对其他据点里的敌人起到一定的震慑作用。后来多次战斗，采用的也多是这种办法，往往都能成功。

子辈讲述

▼ 言传身教，嘱晚辈做好人

我叫任芝和，是任福林的大儿子，今年也快56岁了。在我们心中，我父亲的形象非常高大，作为儿孙，我们都特别尊重他。平时生活中，父亲会给我们讲一些抗战中的故事，并经常教育我们对党和国家要无限忠诚，多做好事，做个好人。

记得有一次，我们身边的一些人因为对某些政治问题的不同看法产生了一些争论。我父亲一直坚定地站在党中央的立场上，用多年革命工作中的亲身经历，言传身教，解释党和国家在处理这件事上的方针政策。对于那些比较固执的人，尤其是那些不理解党的政策的人，父亲甚至会大动肝火。有时候，我们也会不理解父亲的一些想法或做法，但每当事情过后仔细想想，父亲的观点确实更加正确，这也让父亲成为了我们的榜样。

父亲经常用毛主席的话教育我们，"一个人做一件好事并不难，难的是做一辈子好事"，并用自己的实际行动躬亲示范。年轻时候就不用说了，即便是如今这个年纪，每逢冬天下雪，身体硬朗的父亲还会带着扫雪工具，主动去清扫门口的积雪；看到楼道里有杂物，父亲总会第一个打扫。家人、邻居担心他的身体，劝过很多次，父亲总是说："趁自己还能动，应该多为大家做点儿事情。"

现在，89岁的父亲仍然独自居住在刘家窑北里的老房子里，生活起居全部自己操持。我们做儿女的一直想把他接到身边，可是父亲一直不同意。一来是因为老人在那里生活了50多年，习惯了，离不开，二来父亲是怕给我们做儿女的添麻烦，即便我们每周去家里看他，他也总说自己好得很，不用我们费心，还劝我们有时间多忙忙自己的生活，不要总是往他这边跑。我想，这也是父亲爱我们的体现吧。

听父亲说，当年，他是从死人堆里爬出来的，所以对今天的幸福生活有着特殊的体会。与父亲共同生活这么多年，这些体会贯穿于他的话语与行动之中，沐浴着儿女，也照亮了晚辈们未来的路。

> 邻居讲述

▼ 当之无愧的党员榜样

我叫赵文英,是蒲安里社区第一居委会的书记主任,在这里已经工作了15年。任福林是我们社区唯一一名抗战老兵,也是我们社区党员群体中的榜样人物,处处用实际行动体现着一个老党员的模范带头作用。

如果让我用一句话来评价任老先生,那就是具有极高的政治觉悟和奉献精神。从我担任居委会主任以来,任老先生一直积极参加各项社区党员活动。尽管任老已年近90岁,日常值班、"两会"值班、党员承诺活动几乎从未缺席过。每当有人以年龄为由劝他多休息,任老总会说:"只要我的身体还允许,就一定不放弃为大家做事情的机会。"

话说回来,任老的身体也确实相当不错。89岁的他每天都要到社区附近的公园散步,还能轻松做完20个俯卧撑,这与他当年参军时养成的良好生活习惯,以及积极向上的生活态度有着很大的关系。

2012年,社区组织党员开展"捡拾白色垃圾"的党员承诺活动,任老先生积极响应,并且一干就是两年。在这期间,大家经常看见手持捡拾夹、臂戴红袖标的他,在社区内各处巡视,并轻松捡起白色垃圾,为社区环境卫生的保持做出了突出贡献。直到去年,社区考虑到他的年龄,劝他不再参加这项活动,他才不情愿地勉强接受。

除此之外,在社区组织的党员会、社区征文、"两会"值班、国庆节值班、重要时期安保等所有活动中,从未少过任老先生的身影。尤其是抗震救灾、"春风送暖"等捐款活动中,无论是在积极性还是在捐款数额方面,任老先生始终都体现着一个老党员的模范先锋带头作用,是社区党员群体中当之无愧的榜样人物。

如今,在任老先生的榜样示范作用和社区党员的积极配合下,社区党员工作已经取得了长足进展。我们在感谢、祝福老先生的同时,也希望老一辈革命家的精神,能够在年轻人身上延续并传承下去,为实现中国梦伟大战略构想而努力奋斗。

抗战魂，家风传

铭记历史 方有壮志雄心.
勿忘国耻 方能奋斗不止.

中央芭蕾舞团 王建凯 2015年8月1日.

因为我们经历苦难，才倍加珍惜现在的幸福。

中共中央党史研究室 毕岚 2015年8月4日

有志者事竟成，破釜沉舟，百二秦关终属楚.
苦心人天不负，卧薪尝胆，三千越甲可吞吴。

农大附中 王浩鹏
2015.8.5

家风的传承——我们家鲜为人知的抗战故事

神枪手夫人任玉珍家的抗战故事

文／张然　图／王海欣

—— 老兵档案 ——

姓名： 任玉珍
年龄： 92 岁
住址： 北京市昌平区流村镇黑寨村

老兵讲述

▼ 一波三折，嫁神枪手

我是跟随老伴儿走上革命道路的。他叫刘永智，是远近闻名的神枪手。说起我们的结合一波三折。他原本姓张，叫张永何，是昌平山里人，家里哥仨，他排行老三，都叫他张三儿。后来日本兵抓他,悬赏1000块大洋要他的人头,司令员让他改姓躲躲风声,才改成姓刘。我们附近这一带的老人,一提张三儿都知道是他。

我是流村黑寨人,我跟老伴儿认识是别人给说的媒。一开始因为他家里很穷,我爸爸没同意把我许给他。后来,我家里的二大爷、哥哥、我爸爸的朋友、他的长官领导都受托来我家里说过媒,前前后后得有7个媒人。他们都说这小伙子挺好的,是个神枪手。就这么着,我爸爸才勉强同意了。

赶到结婚的时候,我爸爸又提条件了:你要娶我姑娘也行,我得吃你100斤月饼,还得另加一秤。另要100斤抃饼①,送亲戚朋友,一家一份。后来他们四处筹备,月饼和抃饼都真给了。

3年后,我爸爸才同意我们结婚,那年我19岁,结婚之前我们没见过面。结婚典礼时候,都到磕头了我也没看见他正脸。见到第一眼,觉得他虽然不是特别高,但长得可以。结婚以后他对我很好,现在一想起他来我就很想念。

▼ 频受骚扰,从军救伤

因为我嫁给了抗日神枪手,日本兵经常来我家里找麻烦。有一天我正在屋里梳头,几个日本兵和特务把我和我爸爸堵在屋里了。日本兵问我爸:"这是你的几闺女?"我爸很聪明,说我是他三闺女。他们听了,以为我真的不是神枪手娶走的二闺女,就把我爸爸带走了。

他们给我爸爸灌了辣椒面,让他说出我老伴儿的下落。我爸爸没说,他们就决定把我爸枪毙了。后来他们把这件事交给汉奸办,俩汉奸一商量,这要是让张三儿知道他俩把我爸给枪毙了,俩人谁也活不了。于是他们把我爸爸放了,他俩也跑了。

后来为了我的安全,我就一直跟着老伴儿在部队了。1944年,我参加了昌平西部成立的边区抗日武装组织,成为一名光荣的八路军,并被调入丈夫所在部队的卫生院,成为一名见习护士。在那些护士里面,我算年龄比较大的,争着上夜班。我记得有一天夜里送来七八个伤员,我每天从下午五六点钟看护他们,一直到夜里12点。后来他们全部治好了,我特别高兴。

▼ 枪法精准,死里逃生

直到现在,我做梦还梦见跟着丈夫打仗的场景。悬着呢,一开火命就豁出去了,

---

① 抃饼:即单饼,一种面食,吃时要用双手抃住往嘴里塞,故曰"抃饼"。——编者注

要么被打死,要么抗战到底。

有一次打日本大队部,根据侦察情报,有7个日本军官都聚在一处。后来6个都逮到了,就剩一个找不到,其实是藏在铺底下。我老头子一掀床单,日本鬼子的刀"刺溜"擦着他脖子出去了。我正在医院里,听别人说"你老头子让日本鬼子抹了脖子了",我"妈呦"一声,跑到担架旁边一看,他胸脯子上全是血,但仔细一瞧,没有抹脖子,刀捅偏了,只是受了伤,这才松了口气。连我在内7个医生、护士一块儿把他抢救过来了。直到我老头子去世的时候脖子上都有一条大疤。

说起我老头子是神枪手,有个故事。有一次,花塔村死了俩日本兵,日军要报复,伪军带着人来把村子包围了,我老头子跟伪军的头子早前认识,原来救过他的命。于是跟他谈判解救村民。伪军头子说:"你不是神枪手么,这屋顶有仨鸽子,就露仨小脑袋,这仨鸽子任何一个你给我打下一个来,我就把人全放了。"我老头子就掏出枪来,一甩手,开了一枪,子弹从鸽子左眼睛进去的,从右眼睛出去了。这个人带着兵马上就走了。花塔村一带都在流传这个故事。

有一次我老头子在一处落脚,被人告了密。当时他跟4个战士在土炕上睡觉,另一个人站岗。日本兵的机枪顶在站岗的人脑袋上,把脑袋打掉了。炕上的4个人被3挺机枪扫射死了。我老头子命大,他当时恰巧把几个箱子摞起来,睡在了箱子上,日本兵没打着。他一抓枪,掉在缝里拿不出来,他顺势抓了一颗手榴弹从窗户扔出去了,大喊着:"张三儿还活着呢!"这一炸日本兵往外跑,我老头子从窗户出去上房跑了。

他一生经历的危险太多了。那些年打仗,我跟着他随着部队一共生了8个孩子。走到哪儿生了,就把孩子送给当地的人家。孩子们都是解放以后才陆陆续续从别人

家里要回来的。生老三的时候正在山里,日本兵在后头追,我刚生完就得跟着跑。我老头子说:"跑吧,如果跑不动我只能给你一枪,不然让日本鬼子抓去也好不了。"后来老三给了当地一户没孩子的人家。我老头子临终时候,只剩下一个心愿

没有完成，就是老三没要回来。当时人家不给。他嘱咐我和其他孩子们，一定要把老三给领回来。他那时候觉得身体快不行了，我伺候他一个多月，他就走了。

子辈讲述

▼ 直爽认真，感恩当下生活

我叫刘八连，今年52岁，在镇上一家中药制药厂负责设备采购。我比兄弟姐妹们幸运的是，从小我生长在爸爸妈妈身边，因此跟他们的感情很深。父母都没什么文化，他们不会专门给我讲起他们抗战的故事，但在日常生活中，一些生活的细节会勾起他们的回忆，我也断断续续了解了很多。爸妈感情很好，那么多年风风雨雨走过来，确实不容易。我随父亲的性格，很直爽。可能当过兵的人都有这个特质。我看电视剧《亮剑》的时候，就感觉爸爸跟里面的男主角性格很像，有话直说、有事就办。

爸爸妈妈曾经说过，战争年代，他们吃的那些苦是一个中国人应该做的事情。现在中国正处于发展期，国家有国家的梦，每个人有每个人的梦，我觉得我们一家人过得很幸福，要珍惜眼前的和平。我在中药制药厂做事，平时认真负责，确保采购符合标准要求的好设备，生产出质量合格的药品，让人们吃上放心药，这是我能做的一点贡献。

孙辈讲述

▼ 保家卫国，承继榜样精神

我叫刘北，今年27岁，在一家私企做财会。我小时候爷爷已经半身不遂，不太能说话。但他特别疼我，我一放学他就叫我去他的房间，摸摸我的手，看我一眼。奶奶身体相对较好，所以爷爷奶奶的抗战故事都是奶奶给我讲的。

有一次，我指着爷爷脖子上的疤问这是什么，奶奶就给我讲了爷爷当年英勇抓鬼子的故事。受到这种家庭影响，我从小就爱玩刀、玩枪，还模仿小兵张嘎里的剧情，

家风的传承——我们家鲜为人知的抗战故事

任玉珍与儿子等的合影

抓鬼子。有时候我们全家看一些战争题材的影视剧,爸爸就会提起来当年爷爷奶奶打仗的事情。我很佩服爷爷,小时候经常跟小朋友显摆我爷爷是神枪手,特别有面子。在国家危难的时候,爷爷奶奶能够挺身而出,保家卫国,我觉得这是处于那种时代背景下的一种必然选择。假如现在,国家需要我,我也会义不容辞。

我觉得我从爷爷、奶奶、爸爸那里传承下来的性格特点是热心肠,心很细。如果同事、朋友甚至陌生人需要什么帮助,我都会热心地帮助他们。我的女儿已经一岁半了,现在刚刚会说话,以后她大一点,我一定会把她太奶、太爷的事情讲给她听,把家里的革命故事、革命精神传承下去。

抗战魂，薪火传

为抗击外侵，抛头颅，撒[1]热血，应该做的。

任玉珍　儿媳：代笔[2]
2015年7月10日

父母为抗战胜利、保卫家园、人民免受摧残和蹂躏，毅然拿起武器进行战斗，并在战火中顽强的[3]生存下来，给了我们做儿女的尽孝的机会，我感到骄傲和光荣。

儿：刘小连
2015年7月10日

爷爷奶奶：当年抗战时，不怕艰苦，不怕牺牲的精神，鼓舞着我，我们现代人，要时刻铭记那段历史，自强自立，早日让中华民族屹立于世界之巅。

孙：刘北
2015年7月10日.

---

① 应为"洒"。——编者注
② 任玉珍老人高龄无法执笔，特请家属代为书写。——编者注
③ 应为"地"。——编者注

富家子弟史立德家的抗战故事

文／韩天博　图／赵思衡

> **老兵故事**

▼ 参与组织"一二·九"运动

我叫史清义，是史立德的儿子，1932年出生，今年83岁了。父亲史立德2000年10月去世，现在由我来讲讲父亲的抗战故事。1914年阴历5月21日，父亲史立德出生于直隶（今河北）清苑县良庙村。那是一个不起眼的小村子，只有几十户人家，即便是把附近另外两个村子合在一起，也算不上一个大村。

在良庙，史家是村里的首富大户，20世纪20年代更是进入全盛时期。在史立德稍稍懂事时，其父史忠就不止一次告诉他："咱家虽非豪贵，但现有家业，你一生享用有余。供你读书，不是要你发财，只希望你有了学识，改换门庭。"

那是一个新思潮纷至沓来、社会生活剧烈动荡、革命斗争风起云涌的时代。事实证明，富家子弟史立德并没有遵照其父亲的再三嘱托来规划自己的人生。当然，他所取得的成就也是其长辈未曾想到的。

1933年至1934年间，国民党政府对帝国主义屈膝投降，部队退守黄河以南，北平已是危城，就连华北眼看也要成为第二个"满洲国"了。当时，正在北平内中国大学国学系读书的史立德，和广大同学一样，都沉浸在悲痛与愤慨之中，"华北之大，已经安放不得一张平静的书桌了！"

1935年12月初，《何梅协定》上的条款正在被卖国求荣者一步步付诸实践。在中国共产党领导下，北平市学生联合会召集紧急会议，决议通电全国，反对伪组织、伪自治，反对出卖华北，并决定组织全市同学向华北国民党当

老兵档案

姓名： 史立德
生卒年月： 1914.6—2000.10
陵墓地址： 金山陵园
后代住址： 北京市西城区三里河

局请愿示威，青年学子们就要为已经失去的书桌，而奋起抗争了。

12月8日下午，中大国学系11班的鲁方明同学召集班代表会议，要求各班代表动员同学于9日晨7时出发，到中南海新华门前进行请愿斗争。作为班代表的史立德也参加了这次会议，并且内心十分激动，因为他早就希望全市搞一次活动，并在学联会议上提过多次。

他回到教室，正值曹靖华先生讲授《近代文学》，听说这一消息，曹先生马上走下讲台，坐在学生的座位上，连声说："这是大事，请你讲，我也听一听。"史立德讲完后，除个别"特殊"学生外，全班同学立即行动起来，为斗争做各种各样的准备。史立德则在白布上写上了"中国大学"和"打倒日本帝国主义"，做成了两条横幅。

▼ 光荣加入中国共产党

1935年12月9日的示威游行，只是"一二·九"运动的开始，在这段时间里，史立德还积极响应党中央发出的"把反日救亡运动扩大起来"的号召，到工人中、农民中、商民中、军队中宣传抗日爱国思想。同时，他还在帮助学生领袖躲避反动军警追捕，以及营救爱国学生行动中立下汗马功劳。由于其出色的组织才能和坚定的革命信念，史立德被推举为中国大学学生救国会主席。

1936年5月14日，在中国共产党早期学生运动领导人鲁方明的介绍下，史立德加入了中国共产党。入党之夜，他彻夜未眠，觉得周围的一切事物都发生了极大的变化。他既兴奋，又感到千钧重负压在肩上，并决心绝不辜负共产党员的光荣称号。

同时，史立德清楚地意识到，加入了共产党，也就意味着自己同父母所从属的那个阶级彻底决裂，但基于当时的现状，直接告诉父母，他们显然难以接受。然而不久，两位老人还是通过他所读的书籍知道了他的身份。

那天晚上，面对父母的质问，史立德一直不说自己入党的实情，但父亲最后还是弄明白了："明天买肉吃，不再留家产了！"

北平学生运动的蓬勃发展，尤其是中大重新出现火热的斗争局面，深深地激怒了国民党当局。1937年1月初，已是中共党员的史立德，与其他4位战友以"共党嫌疑分子"为由被捕入狱。在狱中，他们与敌人斗智斗勇，进行了艰苦卓绝的斗争，后被党组织设法营救。

出狱后，他立即投入新的工作，从学联到社会各界，组织开展了多种多样的抗日活动。七七事变后,史立德积极参加抗敌后援会的工作,凸显出卓越的工作才能。

▼ 参与创建冀中抗日根据地

七七事变后,冀中形势急剧变化,各级国民党政权随之瓦解,一时陷入无政府状态。1937年10月,晋察冀省委派史立德到冀中负责筹建抗日的群众组织。史立德在当时的保属特委领导下,与战友们一道,在很短的时间内,完成了各群众组织的组建,形成了完善的组织系统。

1938年,史立德当选抗日救国联合会首任主任。这些抗日群众组织,是党联系群众的桥梁,是党发动群众、组织群众、武装群众工作的得力助手,是根据地巩固和壮大的基础,也是根据地政权建设的一部分。

由于冀中平原地势平坦、视野开阔,不利于开展游击战争。史立德带领农、工、青、妇等群众组织,于1938年开展了改造冀中地形的大规模群众运动,硬是把广袤的冀中平原改造成"丘陵",将村村相连的道路挖成了一人多深的道沟,总长度超过7万多华里。

在粉碎日寇的大扫荡中,冀中群众创造了地道。各群众组织带领乡亲们开展了挖地道的群众运动。根据地的每一个村都普遍挖通了四通八达、能攻能守的地道。

在冀中根据地的建设中,实行民主和改善民生也是党政军群工作的重点,使得广大农民能够在党的领导下得到好处,从而衷心拥护共产党。这也使得党在发展壮大武装和反围剿过程中,得到了人民群众强有力的支持和奉献。

俞敏声同志《在纪念史立德诞辰100周年座谈会上的讲话》中指出,史立德作为冀中群众组织领导人,在创建和坚持冀中敌后抗日根据地的斗争中,做出了突出的业绩,他的贡献是值得我们后人纪念的。

子辈讲述

▼ 父亲支持我,要挺身而出

我的父亲史立德,原是北平中国大学的学生,曾担任冀中抗日联合会主席,是开辟冀中抗日根据地的负责人之一。关于父亲的生平事迹,我和郑尚可先生一同出版了一本书，名叫《百年立德》。而我自己，也写了一本回忆录式的传记《水静风平》。

在我出生的前一年，就发生了九一八事变，接着在我刚记事的1937年，又发生了卢沟桥事变。从那以后，鬼子长驱直入，很快就到了我的家乡。为了躲避鬼子，我还依稀记

史立德之子史清义

得全家人蹚着水到几十里外的教堂逃难，路上遇上了鬼子的飞机轰炸，小小年纪的我面对呼啸而来的日本飞机，吓得到处乱跑，被大人一把抓住按倒在地下。

我很小的时候，父亲就参加革命工作了，以至于童年时候，都没有见过父亲几面。那时候父亲工作忙，我们在老家生活，可能也是出于安全的考虑，长大之后第一次见到父亲，已经是参加工作之后的事情了。

1946年8月，也就是蒋介石发动全面内战的两个月之后，14岁的我与几位同学一起，参加了部队，先是在部队学习了一年，之后被分配到冀中军区独立第九旅26团，并随部队参加了大大小小不少战斗。

1950年4月，我进入沈阳工农速成中学，又开始了学生生活。那年国庆节刚过没几天，速成中学召开师生大会，说是朝鲜战火已经烧到鸭绿江边，要调一批同学上前线，虽然当时我只有18岁，但已经是一名身经百战的老兵，当然也在35人的名单之中。当晚，我把将要上前线的消息告诉了担任沈阳市委秘书长的父亲，他很支持我的决定，并对我说："你是共产党员，在这个时候应该挺身而出。"他又把全家叫到一起吃了顿饭，然后依依不舍地告别。

1952年，我从部队转业到地方，先后在公司经济部门、研究院任职。在我的一生中，父亲对我的影响是很大的，我退休之后，开始着手梳理父亲和自己过往的事情，并写成了多篇文章。其中，《史立德和冀中导报》一文就着重叙述了父亲当年创办的这份报纸，对于指导我走上革命道路所起到的作用。

在我看来，目前对于宣传冀中抗日根据地作战方面的文艺作品比较多，而关于

当年根据地群众工作的作品却很少,这不能不说是一个遗憾。当年,"母亲叫儿打东洋,妻子送郎上战场"这样的场面,以及当地百姓能够为了保护游击状态下的部队不被敌人发现,而忍痛打死自家狗的事情,都是当时的真实情况。

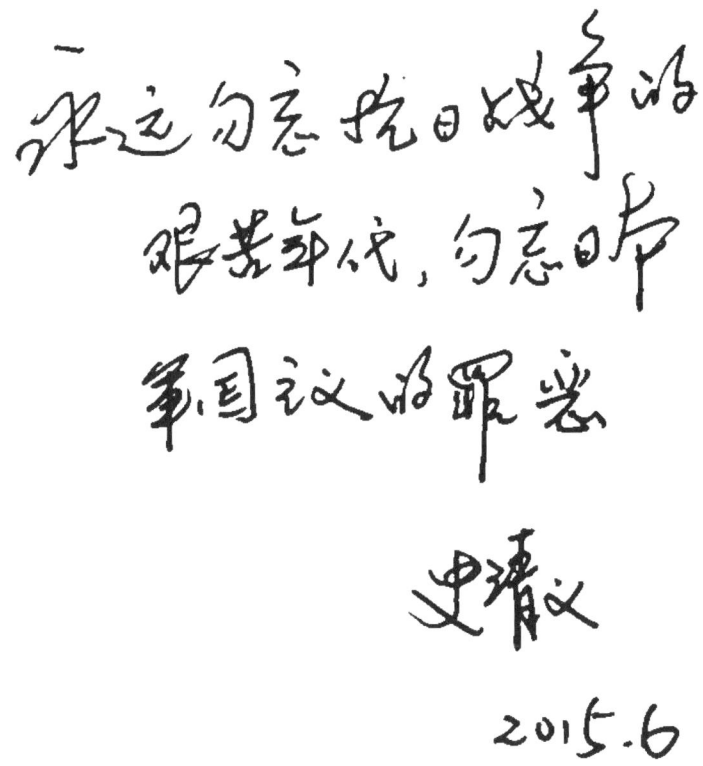

孙辈讲述

▼ 爷爷告诉我,想红先要专

我叫史钟颖,是史立德的孙子,今年40岁,现任中国林业大学艺术学院教师。在我的记忆中,他老人家年近80还在一些政府部门担任顾问。那时候,我在中央美术学院读书,每周六、日会到爷爷家去,那段时间里和爷爷接触得比较多。

早年间,爷爷曾是中国大学国学系的大学生,口才很好。良好的教育背景加上多年的阅历,使得爷爷成为一名非常博学的人,他自己也说,"我不是专家,但我是杂家"。尽管曾经担任要职，但相比做官，爷爷更喜欢钻研业务，他一生从事过多种行业的领导工作，在每一行里他都称得起是那方面的专家。他经常教育我们，想做到又红又专，必须先做到专，"不专哪里来的红啊"。

在这一点上，爷爷对我的影响非常大。记得我大学即将毕业的时候，爷爷要求我给他读一读毕业论文。由于我的专业是雕塑，毕业作品是"文化大革命"初期刘少奇、邓小平和彭德怀的肖像，而毕业论文则记述了我的创作过程和当时的一些想法。爷爷听后告诉我，虽然一些特别专业的内容他听不太懂，但是能够感觉到我是做了学问，不是光喊口号，同时也有社会意义，对此他感到很欣慰。后来，我的作品也入选了五年一次的全国美术作品展，他喜欢我们这些后辈做实事，有自己的专业，我能得到爷爷的肯定，也是很高兴的。

爷爷自己一生不爱财，不讲排场，两袖清风，同时也要求自己的子女像他一样。"文化大革命"期间，我的父母受到他的牵连被"发配"到外地。后来"文化大革命"结束，爷爷恢复工作，但他也没有把我的父母调回北京。

爷爷去世前向我们交代，自己百年后不许大操大办，也不许告诉外人，用现在的话说就是要低调。爷爷去世很长时间之后，吕正操将军才知道爷爷去世的消息，并写了一篇悼文，发表在《人民日报》上。

在我们家，遇到红白喜事，爷爷都要求我们不能收人家的份子钱，如果收了一定要如数退回。就连我们孙辈结婚，也不许大操大办，更不许收礼金。对于爷爷这种做法，我们都非常理解，按照爷爷的教诲，大家都是靠自己的真本事，做自己的专业，挺高兴的。

抗战魂，家风传

救国救民、前仆后继、顽强坚毅、团结智慧、勇于牺牲、甘于奉献的抗战精神世代相传，永远激励着亿万中国同胞以及全世界爱好和平的人团结一致，为人类的和平与发展而努力。

中央财经大学 周湘林
2015年8月4日

峥嵘岁月铸就革命家风，立德垂范
繁荣时代表达和平主张，发展为民

——北京实验学校 郑迎峰（教师）
2015.8.5

八年抗战，艰苦卓绝，四万万人齐努力的时代早已过去，十三亿人共奋斗的日子已经来临。历史，不容许人们忘记；历史，应被铸成警钟。记住历史，吸取教训，中国加油！

——北京实验学校 周子轩（初三学生）
2015.8.4

北平抗战实录

"疯子团"士兵王荣昆家的抗战故事

文/王晓飞　图/欧阳晓菲

老兵档案

姓名：王荣昆
年龄：93 岁
住址：北京市丰台区云岗南区

老兵讲述

▼ 参军主力团，天天打胜仗

我叫王荣昆，河北任县人，1922年6月出生，今年93岁了，现居住在北京。1938年，抗日战争爆发后我就报名参加了八路军，在一二九师作战部队，我们团当时是主力中的主力，电视剧《亮剑》里边李云龙的原型王近山，就是我们的副团长，日本兵见到我们团都害怕。后来由于腿部受伤，我在后勤机关工作，为八路军"创收"。

1938年，全面抗战刚刚爆发不久，华北冀中地区非常混乱。日本兵南下，老百姓是民不聊生，日本侵略者走到一个村庄就毁一个村庄。

那年我16岁，正是身强体壮的年龄。因为八路军就驻扎在邢台附近，我就有了去参军的念头。当时经常传唱一首歌——"中华民族已经到了生死关头"，我是带着一种责任感，离家和同乡去找八路军参军的。

在新兵营里，我们接受了两个月的简单训练。那时候的训练和现在没法比，根本不成体系，就是速成。除了简单的队列和武器使用训练外，一些战术技能都要在短短两个月里完成。其实，一场仗下来，要比训练效果好得多。因为那是事关生死的教训。

训练完毕后，我就被分配到了一二九师三八六旅七七二团，旅长陈赓的部队，副团长王疯子王近山，我们底下的战士，个个都是"嗷嗷叫"，打仗没得说。

从武器装备来看，我们的装备很好。很多地方部队子弹只有几发，而我们，当

王荣昆（前排正中）与战友的合影

时每人身上装着20盘子弹，每盘子弹有5发，一个连就配有4挺轻机枪，一个营有4挺重机枪，团里还有4门迫击炮。看到日本侵略者，我们就是一句话："冲上去，打！"

记得我第一次参加战斗，也就是刚刚被补充到一二九师后不久，我们部队调动到彭城附近，当时正在行军，突然听到前方说"有情况"，部队被命令迅速展开。

我端着枪，很激动。正跟着连队跑步展开，就听见"砰，砰，砰"的爆炸声，正面御敌的部队已经打上了，我们连跑步到了阵地上，见到日军很是厉害，他的机关枪一直"哒哒哒"地往这边扫射。我趴在地上，上了栓，瞄准一个敌人就是一枪，但由于没有作战经验，总是打不准。我旁边的也是几名新补充进来的新兵，情况跟我一样，后来听老兵说："等敌人离近了，再开枪，就能撂倒他。"

那场遭遇战，敌人无数次发动冲锋都被我们打了回去，最近的时候，敌人只距离我们十几米。

直到太阳快要落山，日本兵才撤退。后来清点人数的时候，我们才知道，指导员已经牺牲了，而连长也负了伤。即便是这样，我们似乎没打过败仗，几乎天天都是胜仗。

▼ 伏击日本兵，痛打歼灭战

我们团距离陈赓旅长的旅部很近，战斗的时候，他经常出现在我们前线。记得有一次伏击战，我们埋伏在了日军部队必经之路上，当时公路在山沟内，两旁是土坡，我们连队埋伏在了土坡的一侧。开战前，我看见旅长穿着黑色的皮夹克，拿着望远镜在观察地形。

那场战斗由于时间紧迫，我们部队并没有按照预定计划埋伏到山坡的另一侧，伏击也就失去了地理优势，无法使敌人两面受敌。

当日军进入伏击圈后，他的先头部队已经进入山谷另一边，团长的枪响了，趴在山坡上的我们便也开始射击。

日军中枪后，好多日本兵以为土坡两侧都有人，就开始仰头射击，我们扔出了三五个手榴弹后，日本兵才知道我们只在土坡的一侧，于是开始下意识地往另一侧山坡上退，一部分日本兵准备原路撤退。

这个时候，就听见，"嘀嘀哒，嘀嘀哒，嘀嘀"的冲锋号吹响了，我右手托住枪，左手撑着地，一步就跃了起来，然后双手端着枪，开始往下冲锋。冲锋的时候不能胡乱冲锋，也是讲究散兵队形的，你不能快，也不能慢，太快了你先冲上去了，大部队还没跟上，你第一个就被敌人撂倒了。

当时我跟着我们连，冲了上去，跑到山下还用枪打了一个日本兵，最后根本没轮到我们拼刺刀，全用子弹解决了敌人。这场战役就是一场歼灭战，只有一小部分鬼子从原路跑了回去。

▼ 目睹"三光"政策，咒骂日军暴行

1940年前后，日本侵略者疯狂地实行"三光"政策，我亲眼目睹了这一幕。

一天，部队转战到了山西的武乡县附近，侦察发现附近有日军在活动。我们站在山坡上看到远处一个村子已经冒起了黑烟，这是日军在烧杀抢掠，部队很快集结，向冒烟的村庄行军，但还是太晚了，当部队赶到的时候，日军已经撤走了。

而这个村子的房屋全都塌了，被烧成了废墟，整个村子一片死寂，屋门口散落着横七竖八躺着的老百姓的尸体，猪圈、鸡舍，到处都是被翻过的痕迹。

当时很多年轻战士都哭了，我也是心里不好受，开始咒骂日军。有人提出来去追赶日军，但是被上级驳回了，你根本就不知道人家烧杀后去哪儿了，有多少人，在大山里，更别说追赶伏击了。

▼ 舍命救新兵，九死又一生

1940年中下旬，百团大战开始了，当时我已经是通讯班班长，部队传达任务，都是由我负责。

那一年，我们营的部队在山西的昔阳县附近作战，部队正在行军中，碰到了一二九师的副参谋长李达带着几名战士。此时，我们发现山坡的另一侧也有一支部队正在行军，李达命令我们副营长去侦察一下，于是副营长奉命带着一名战士跑到了山坡上，趴下身，观察了一段时间后，探出头，喊道："同志，你们是哪部分的？"话音还没落，我就听到山坡的另一侧齐刷刷的拉枪栓的声音，再看副营长，已经起身准备从山坡上往回跑，突然枪声齐响，副营长应声栽了下来，他负伤了。

随后部队展开战斗。李达将自己的战马让给了受伤的副营长，并命令部队后撤。我让通讯员跟着护送副营长先撤，随后安排其他通讯员通知各个连后撤，由于当时的十一连是新组建的，其位置又比较靠前，只剩下新兵连还没有通知到，于是我向新兵连的位置跑去，就在此时，一声枪响，我就感觉腿脚支撑不住自己，"啪"地

王荣昆所获奖章

一下,摔倒在草丛里。新兵连当时看到我摔倒了,往我这边看了一眼,我打出手势,示意他们撤退。之后,我又尝试着站起来,但是不行,刚把身体撑起来,站都没站就倒下了,我低头往脚下一看,坏了,我"挂彩"了。

各个部队都已经撤出前线,新兵连也从前方有秩序地撤了回来,几名小战士架起我就往后方跑。

"你们别管我了,我脚负伤了,走不了多远,只能拖累你们,你们跟着部队先走。"听我这么说完后,几名战士把我放在了一个隐蔽点的石头后去追赶大部队了。

当时地处半山腰,我身边就是山涧。我爬了几步,就从山上滚了下去,心想总比被日军俘虏了强。

从山上滚下来后,我又支撑着往前爬,也不知道爬了多久,身上全是血,但是一点儿都没感觉到疼,最终我爬到一条大路边上就昏过去了。

等我醒过来的时候,正碰上决死队的同志路过,他们通知附近的老乡后,我被辗转送到了部队。

▼ 负伤做生意，尽职供军需

1942年前后，我被调到了太行军区第五分区，司令员是皮定均。我由于脚部负伤，行走、作战都不方便，部队安排我到后勤部门的经营科工作。

别看经营科不是作战部队，但是它作用可大了，部队需要的药品、被服、子弹都跟经营科有关，很多药品和被服的原材料，根据地没有，就得通过经营科赚的钱去敌占区购买。

其实说白了，就是为部队做生意，用根据地生产的产品，拉到敌占区去卖，赚到了钱再从敌占区购买根据地所需要的材料，运回来，挣的都是运费、人力费。

比如说，长治地区盛产麻和小米，我们就从长治把麻运出来，然后到敌占区去卖，还有太行地区的一些山货、药材，都是当时对敌占区出售的主要货物。从市场上赚到了钱，就去买来棉花，然后交到老百姓手里，当时规定3斤棉花交一尺布，然后从老百姓手上再把布收上来，再交给部队的制衣部门。

王荣昆（前排右一）在安阳军分区供给处时的留影（摄于1949年12月20日）

子辈讲述

▼ 公私分明，严于律己

我是王荣昆的小儿子，1958年生人，今年57岁。从我记事起，父亲就一直在部队工作，一心扑在部队的建设上。我印象当中，小的时候除了春节，很少能看见父亲的身影。小时候有些不理解，但是后来我稍微长大点儿了，也渐渐明白了父亲，从那个艰苦的战争年代走过来的人，把工作和事业当成了一生奋斗的目标，他们并不追求金钱和地位，而且，他们从来不占用单位或者组织上的东西，哪怕是一张纸。

记得有一次，我有事，需要写点材料，就到父亲的屋子准备拿一张稿纸，父亲当时就抓住了我的手，跟我急了："这是单位给配的稿纸，你不能用它干别的。"

父亲认为，这是公家的东西，不能干私事。包括后来看报纸，单位给定的《参考消息》，他从来都不让我们看，说这是单位的公事，自家人不能享用。

邻居讲述

▼ 和善朴实，低调从容

我是王荣昆的邻居，认识他已经快10年了，他是一个为人低调的老人。起初老人并不过多提及当年参加战斗时的事情，尤其是负伤的那次，要不是有其他邻居曾经跟王荣昆是一个单位的，我们甚至都不知道他是一个老革命。

王荣昆老人虽然已经93岁了，但他身体依然硬朗，每天下午午觉过后，他总准时出现在家门口的小石台旁，与邻居们下棋。他为人很和善朴实，有的时候，观棋的人会因为棋局和王荣昆老人的对手吵起来，但王荣昆老人总是和和气气地开导双方。

从他挂着拐杖，大踏步地走路也能够看出，他是军人出身。这大概就是当年抗战时期形成的优良传统吧。

抗战魂，家风传

弘扬伟大的抗战精神，为实现中华民族伟大复兴的中国梦而奋斗。

解放军报社 李鹏

我们每一个有良知的中国人都不能忘记那些为了民族和国家利益奋斗过或献身的英烈们，我们有义务和责任将他们的抗战故事传承下去。发扬抗战精神，牢记肩负使命，为民族复兴国家强盛贡献自己的力量。

解放军老干部俱乐部 王蓁

阅读完抗战老兵戎马倥偬的一生，心中颇起波澜，像这样的先辈不计其数，或健在或故去。今日之祖国昌盛，先辈们当居功至伟。生于和平年代的我们定当把抗战精神继承并发扬光大。古人云：男儿生于世，当以三尺之剑立不世之功。我们也要为今日之泱泱中国献出自己的锦薄之力，披肝沥胆，振兴中华！

北航大三学生 车辙

少年侦察兵杨连荣家的抗战故事

文／黄海蕾　图／范继文

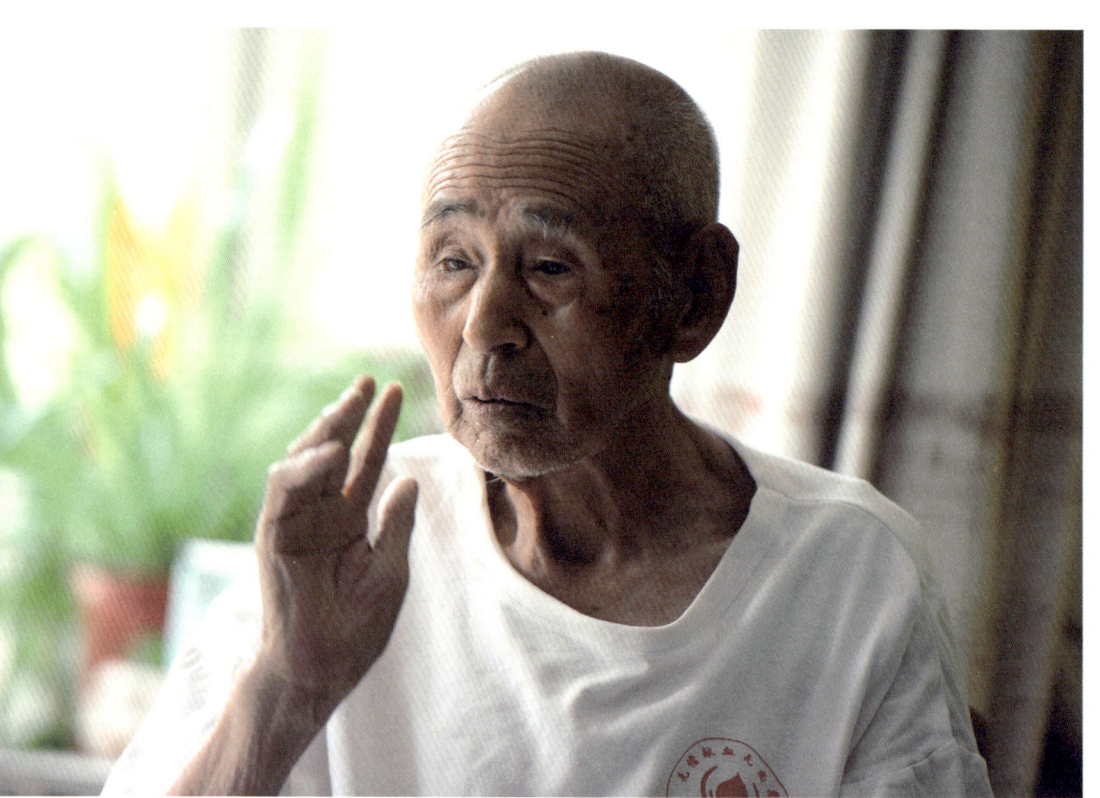

老兵讲述

老兵档案

姓名： 杨连荣
年龄： 88 岁
住址： 北京市顺义区张镇驻马庄村

▼ 同胞遭杀戮，少年奋反抗

我叫杨连荣，北京顺义人，1927 年 6 月生，今年 88 岁。1942 年参军，当时只有 15 岁。

父亲是首批中国共产党党员，受他影响，

我从小就参加儿童团，给八路军送情报。八路军对村里人好，给村民洗衣、烧锅、挑水、扛柴火。日本兵来了就烧房子、抢东西、杀人。在儿童团时，被日本兵遇到问话，我们就说假话，八路军问话才说真话。

记得那时日本鬼子进村后，要让村民背诵四大方针，"好人保护，坏人铲除……"如果背不上来，就地杀害。我们村有个叫彭善青的，他爷爷被日本鬼子抓住要求背诵，老人家年龄大记忆力不好，加上又紧张又害怕，磕磕绊绊半天背不上来，日本鬼子立即就要活埋他。最后坑都挖好了，有一人深，彭善青家人跪下求日本鬼子，村里很多人也求情，说以后一定都会背诵，最后他爷爷才免于一死。

15岁那年，听村里人说，日本鬼子又在邻村杀了人，把内脏都挑了出来，手段残忍至极。当时年轻气盛的我，恨不能立刻就上战场杀日本鬼子。也就是在那件事后，我才下定决心进部队打鬼子。

刚到部队，我亲眼见证了日本侵略者的卑劣行径。在密云古北口，我军攻打日军一据点，部队正往前冲时，我看见一个日本兵正在追着一位妇女要强奸她。那些年，见多了日本侵略者的烧杀抢掠，现在老了，想想日本鬼子还是挺恨的！

▼ 冲出包围，死里逃生

我从15岁到18岁，记不清跟日本鬼子打了多少仗，好几次差点牺牲。

一天晚上，我军两个班20多个人被日本鬼子包围。我们武器装备差，每个人三五发子弹，4个手榴弹。我们得从日军的机关枪口下突围出去。晚上视线很差，跟日本鬼子靠得很近才能打，也就十米八米的距离。看到哪儿有日本兵，一个手榴弹扔过去炸得满是烟雾，原本晚上视线就差，这下基本什么也看不见了。我们就趁着这个机会往外跑，也担心被日本鬼子看见，因为就几米的距离，但那也要拼死往前冲，大不了拼刺刀，一命换一命。

我们跑出来后，走到一座桥上，又过了一条河沟，跑了很久。他们就在后面追，路过刘屯时，一个姓胡的战友被日本兵的枪打中，肠子都流了出来，后来他跑到我们驻马庄村，老百姓拥护共产党，给他把肠子揉了进去，捡了条命。我跑时没感觉受伤，逃出来之后才发现，小腿上粘着块炮弹皮，现在还留有疤痕。

▼ 为保百姓，遭受重创

八路军爱护村里人，洗衣、烧水、扛柴火等家务活样样都干，当然，除了这些，关键是危险时刻，八路军真是用命来保护村民。1943年，在顺义别庄的那一仗，为了保护村里百姓，我军伤亡惨重。

当时，八路军大部队驻扎驻马庄村休整并建立革命根据地。日军知道后，集结附近兵力袭击我军。战斗在别庄附近的东沟头打响，从早上7点多，一直打到晚上6点。

其实，那时我军有重机枪、水压机枪以及炮弹等重型武器，但部队指挥员不让使用，怕炮弹打到村里伤到百姓，整个村子可能都会夷为平地。最后，我军勉强胜利，但伤亡惨重。

村里的老太太看见我从沟里出来，眼泪直流，又是高兴又是担心。她说，看着日本鬼子的炮弹一颗颗炸到沟里，还以为八路军的人全都死了。

1945年农历正月初八，我在家休养伤病，日本鬼子进了村。幸好老百姓提前通知，我跟区组织部部长还有几个军人才能提前通过地道，逃到两公里外的秦连庄。

但是，那几个报信的百姓却丢了性命，报信的百姓当时也钻进了地道。结果日军在地道里放毒气，我们几个从一个口出来进了另一条道，但是3个百姓没能逃出来。

八路军对百姓好，百姓自然也待我们像亲人一样。共产党就是靠着这些群众基础，才在战场上杀出了一条血路。

子辈讲述

▼ 先人后己，争当先进

我叫杨仁臣，今年63周岁，是杨连荣的大儿子。因为是家里的老大，父亲对我要求一向严格，而且他总爱拿部队的标准要求我。

我初中毕业找工作时，很多同龄人都被推荐当了工人，父亲当时是村干部，但我在家待了一年多才等来工作机会。父亲说，部队里就是要先人后己。当时我不理解父亲，现在想想，那个年代的优秀干部就是这样，为百姓造福，不为自己谋利。

部队里，军人一定要争先进，当头兵。工作中，父亲同样要求我要认真努力，当时我在建筑公司的瓦工班，每两个月放假几天，但就这短短几天父亲还总催促我，赶紧回单位工作，不要待在家里。就这样，别人休息我工作，同样的工作我做得更细致认真，在建筑公司拿了很多荣誉，"质量标兵""先进一级工"等。

小时候，邻居家小孩常常去偷摘个桃或者黄瓜，父亲从来都不允许，说部队要求不能拿百姓一针一线，更不用说偷了。工作了，有时我单位发些洗衣粉、肥皂，父亲就要问半天，生怕我拿了不该拿的。

1992年，村里基本家家都盖了新房，我家还是几十年前的老屋子。我们单位经理批了一些木头，让我回家翻盖房屋用，结果木头运到家，父亲差点跟我急，来来回回问这木头是哪儿来的。我跟他出示经理批的条子，解释了半天他才放心。

父亲就是这样，一辈子把自己当军人，严以待己，恪守纪律。虽然我没当过兵，但是父亲一直深深影响着我，做事不能给党抹黑，争当先进，先人后己。

孙辈讲述

▼ 执行力强，军人典范

我叫杨清泉，今年38岁，是杨连荣的长孙。小时候，经常听爷爷讲他上战场打仗的故事。爷爷是侦察兵，做什么事都是侦察兵打头，任务再艰难也要努力完成。

有一次，爷爷去完成任务，要突破一个类似关口的位置，那里有两名敌人端着机枪把守，如果对方问口令，爷爷回答不上来，可能立即就会遭到机枪扫射。如果没被问，可能就会蒙混过关。爷爷为了完成任务还是决定以身犯险。

最后，对方的确问了口令，爷爷答不上来。还好他发现附近有个大坑，纵身一跳进了大坑里被雪埋住，逃过一劫。

爷爷说，军人的使命就是执行命令，完成任务。为了完成任务，爷爷连命都可以不要，我相信，对于领导安排的工作，只要我努力，就没有完不成的。所以，我做事情忍耐力比一般同龄人要强。

刚毕业时，我在企业修理厂当钣金工。冬天特别冷，我们在室外，躺在地上修车。干活用的水特别凉，手被冻得失去知觉。夏天再热也要用气焊，火燎得人难受得疼。很多工友一般就干两三年，有的受不了半年就走人了，但是我一干就是7年。

这段磨砺为我到现代汽车厂做管理打下坚实基础。现在，我在现代三厂做质检工作，管理50多个人，开展质检工作时，车身焊接、凹凸等工艺哪里不好，我一眼就能看出问题。

就像爷爷和爸爸教育我们的那样，做事按照规矩来，努力完成每个任务，我对自己的孩子也这样要求。

> **抗战魂,薪火传**

中国人民是不可战胜的!

杨连第

我们要以史为鉴,立足长远,为真正富民强国制定一套历史教育体系,发奋[^1]图强,实现民族复兴的伟业。唯有以史为鉴才能面向未来,让人们回忆并牢记这段历史,时时提醒国人勿忘历史。

杨仁臣

作为一名中华人民共和国的公民,我们要牢记前辈们为了现在的我们能够过上好日子,抛头颅洒热血,所以我们要以史为鉴,珍爱和平,面向未来,同心戮力,建设国家,繁荣中国,朝着中华民族伟大复兴的目标前进。

杨清泉

---

[^1]: 应为"愤"。——编者注

爱国军官原逢汪家的抗战故事

文／刘雪玉　图／王苡萱

已经生锈了的大刀、被砍出裂缝的日本士兵头盔、抗战时期日军使用过的炮弹壳、日军军队的军号、日军的饭盒、日军的绑腿带……在原启长先生的家中，老人为我们展示了他近些年收藏的抗战物品。7月21日下午，记者来到牡丹园东里小区，采访了年过花甲的原启长先生。原先生给我们讲述了他父亲参加抗战的故事。

老兵故事

▼ 一辈子把爱国放在第一位

我父亲叫原逢汪，是二十九军军官教导团的军官，我十分佩服我的父亲，我父亲上过军校，陆军大学，25岁左右毕业当了军官、上校。我祖父还参加过辛亥革命，和冯玉祥将军关系好，通过他，把我父亲介绍到宋哲元军长那边。我们家祖传三辈学形意拳，教拳术。我父亲很爱国，全军就只有他不要军饷，在军官教导团负责教军事和拳术。老一辈的人经历过那个年代，都特别爱国，把国家放在第一位。我父亲就是这样，爷爷也是这样。我爷爷当时因为年纪很大了，1945年8月15日，日本投降的消息传到了家中，中国人民终于不用做亡国奴了，祖父因为太高兴、太激动而去世了。

我父亲跟我说，七二八南苑空袭的时候，赵登禹将军和佟麟阁将军在1937年7月28日同一天牺牲。当时，汉奸向日军送信，告诉日军赵将军和佟将军的行程，于是日军派飞机和军队追赶拦截。当时，南苑二十九军军部兵营只有不到2000人，学员多，军部的人大部分进城了，剩下军官教导团的一些人，我父亲就是教导团的。7月28日，日军展开进攻，

老兵档案

姓名：原逢汪
生卒年月：1911—1969
陵墓地址：山西太原
后代住址：北京市海淀区牡丹园东里

家风的传承——我们家鲜为人知的抗战故事 57

2007年清理永定河河道时挖出的
二十九军大刀（原启长提供）

20世纪50年代南苑飞机
场附近挖出的92式步兵炮
弹壳（原启长提供）

2007年清理永定河河道时挖出的日军侵华士
兵钢盔（原启长提供）

二十九军在半夜往回撤的途中，佟麟阁将军遭了埋伏，赵登禹将军坐的车，汉奸给日军送了信，告诉了是什么颜色的车，日军用飞机扫射，赵将军当场就牺牲了。

子辈讲述

我叫原启长，1965年，我参加中国八一队伞队少年组，当时我15岁。"文化大革命"开始后，伞队解散，20世纪70年代我转业去了医药企业。受父亲影响，我喜爱收藏，原来喜欢收藏体育方面的，从中国近代体育开始，早期的全套资料我都有收集。后来，在收藏体育藏品的时候也得到了很多关于抗战的物品，加上受父亲那一辈人的影响，对抗战年代还是有很多感触的，于是开始集中收藏有关抗战的物品。为了更直接地了解有关抗战的信息，我还会将收藏的物品摆在房间，有时间就拿出来研究。

我收集了抗日时期的头盔，头盔上面有裂痕，是当时砍的，星标的一角也被砍没了，可见当时战争的激烈，还收集了日军使用过的头盔、二十九军使用过的大刀，是在卢沟桥铁路桥下清理出来的，连同一顶头盔一起发现的。另外，我还收藏了一顶头盔，是在修地铁10号线的时候在石榴庄（即佟麟阁将军牺牲的地方）发现的。

▼ 举办史料展铭记历史

为了让更多的人更加直观地了解抗战历史，我从去年开始就着手在办北京抗战史料展，将自己收藏多年的抗战物件和数据资料展出。2014年的7月7日，我们在西城文化中心举办了为期一周的史料展，设了10个展柜和4个书柜。展品包括北平市人口伤亡调查资料、掩埋尸体和难民统计数据，以及来自不同界别支持抗战的无名英雄等。

展览共吸引了800多人前去参观，区政府的人员也前往参观。2015年6月28日至7月5日，在文化中心，我们又办了第二次史料展，也取得了较好的效果。8月15日马上就要到来了，为了纪念抗战胜利70周年，我们决定在西城图书馆再举办一次抗战史料展，吸引更多的参观者。

我办史料展，这是一种挽救行动，我收藏的这些东西是希望年轻人了解历史，铭记历史。

▼ 提议做佟麟阁、赵登禹路路牌和浮雕

佟麟阁路、赵登禹路、张自忠路,北京市就3条路以抗日将军的名字命名,两条路都是在西城区,说明牌也没有。这3位抗日英雄的故事对于社区居民、学生、青少年的爱国主义教育是一件很好的事,应该做一牌子,因此我就提议做浮雕。

这工作我做了两年,我给西城区的书记写信,去年两会让政协主席送上去。今年刚好赶上抗战胜利70周年,就批下来了。7月7号也建成了。赵登禹路做的是铜浮雕,贴在35中的墙上;佟麟阁路是一座雕塑,是一只怀表的造型,链子为77个铜环,意为"七七"。

能够批下来,我特别的高兴和激动,这也是很多后人期盼已久的梦想。

▼ 想办有关抗日历史的书屋

在成功举办了史料展之后,我还想办一个抗日书屋,方便大家了解关于抗战的历史。因为我这儿的书特别多,关于抗战的,我的书和我朋友的书加在一起,想做一个抗战书屋,让青年学生多学习接触。有些知识不能只看网上,得多阅读,实际看看到底是怎么一回事。很多书,市面上都没有,所以办书屋比较方便,而且这种书屋,全北京市目前还没有人办。所以,我准备和区里说说,我和我朋友的书,加上别人的书,一起办个书屋。

原逢汪之子原启长

> **抗战魂，家风传**

随着岁月的流逝，抗日老兵们一个个辞世而去，唯期他们忠于祖国、英勇出斗的精神流芳百世！

　　　　　　　　　李春林．工程师

历史沉淀下的少将是值得记念的回忆！向抗战老兵致敬！

　　　　　　　　　单晓君

我长大了也做军人。

　　　　李逸竹

抗日民族英雄张西曼家的抗战故事

文／黄海蕾　图／徐晓帆

老兵故事

▼ 反对不抵抗，拒绝被委任

我叫张小曼，1948年3月生。我的父亲叫张西曼（1895—1949年），湖南长沙人，他是我国著名的国民党左翼人士，是老同盟会员。抗日战争期间，父亲曾立场鲜明地反对蒋

—— 老兵档案 ——

姓名： 张西曼
生卒年代： 1895—1949
陵墓地址： 万安公墓土区洪组
后代住址： 北京市西城区宣武门东大街

介石的不抵抗政策,并且痛斥汪精卫、孔祥熙的卖国行为。

1931年九一八事变时,父亲任北平大学教授和陆军大学政治教官,他对蒋介石所谓"攘外必先安内"的对日不抵抗政策极其愤慨。1932年,日寇进攻上海,蒋介石仍坚持不抵抗政策,疯狂围剿"苏区"。当年,父亲已随陆军大学迁校南京,他以陆军大学政治教官的身份面见蒋介石,力主停止内战,建立统一政权,但是蒋介石不同意。父亲还毅然拒绝了蒋所挽任的湖北省主席一职。

1938年,上海、南京相继沦陷,国民政府迁都武汉,在武汉举行的八一三淞沪抗战周年纪念会上,身为国民党立法委员的父亲,在会上公开声讨时任国民党行政院院长的汪精卫是"国贼汉奸,秦桧第二",要求杀贼以谢国人。半年之后,汪精卫投日叛变的嘴脸便昭然若揭。父亲便公然声讨,可谓置生命于不顾。

1940年9月,父亲参加抗日爱国人士张曙的追悼会时发言,公开抨击国民党行政院副院长孔祥熙买外汇、存外款,发国难财、病国肥己等卑劣行为,为此父亲还遭到国民党行政院秘书处的严重警告。

抗战期间,父亲虽未在武装斗争的前线进行战斗,但在思想文化战线上,作为国民党要员以口笔为枪杆,与国民党上层领导人进行正面交锋,在争取国民党抗战力量方面做出了不可估量的贡献。

▼ 创中苏文化协会,建抗日宣传阵地

父亲1911年留学俄国,甚早接受马克思列宁主义思想,1919年联合李大钊、陈独秀等创立社会主义研究会。1920年翻译出版《俄国共产党党章》,为马克思主义在中国的传播和中国共产党的创立、发展、壮大发挥了重要作用。

父亲毕生从事中苏文化交流事业,九一八事变后,为挽救民族危亡,反击日寇侵略,他积极推行联苏制日方针,并于1935年创立中苏文化协会。父亲成立协会之初遭到日本帝国主义强烈反对,日方提出中方许可建中苏文化协会,需同时策动中日文化协会发起,日方还指使汪精卫多方阻挠协会成立。汪精卫约谈父亲表示坚决反对,并派遣亲日外交次长唐有壬到家游说,以委任驻苏大使为诱饵劝父亲改弦更张,但父亲毫不动摇。

在百般阻挠中,中苏文化协会终于成立,会长由孙中山先生之子、国民政府立法院院长孙科担任,蔡元培、于佑任、陈立夫等人为名誉会长,而协会唯一的常务理事则由父亲担任。由于聘请了一大批国民党上层人士先后担任协会的领导职务,中苏文化协会虽是民间团体，却为"联苏抗日"做出了积极贡献。

南京中苏文化协会建立后，上海、湖南、湖北、贵州、广西、云南、四川、延安、香港等地竞相成立分会。1940年，中苏文化协会在晋东南成立分会，彭德怀为会长，朱德任名誉会长，中苏文化协会晋东南分会还通过决议，在华北各抗日根据地成立分会。

在抗日战争期间，中苏文化协会成为了中国抗日战争大后方文化抗战的中心，其重要作用为世人所公认。父亲是享誉国内外的政治活动家、政治家，为联苏抗日和思想文化方面的抗日斗争，倾注大量心血。

▼ 置身虎穴，保释抗日救国会领头人

救国会（全称全国各界救国联合会）成立于1936年5月31日的上海，南京各界救国会从酝酿筹备时起，就得到父亲的同情和支持，父亲当时是国民党政府立法院的立法委员，他定期给救国会分析国民党政府的政情，帮助救国会联系政府里比较进步的中上层人士，这对救国会工作是有力的援助。

当时，南京是国民党政府的心脏地区，白色恐怖笼罩全城，救国会的活动只能秘密进行。但是，父亲不顾地位官职，不怕特务注意，一直同救国会有来往。1936年，日本军阀勾结蒙古民族侵略绥远，驻绥远的军队和当地人民奋起抗日。消息传到南京，救国会决定抓住机会，发起一次较大的群众性活动。

但当时的形势，如果要发动公开的支援绥远的运动，必须有国民党的上层人士出面主办，才能实现，否则会立刻遭到镇压。于是救国会就派常务委员曹孟君、孙晓村等人，与包括父亲在内的3位国民党上层人士相商，一起研究，着手筹备。父亲十分积极，动员好多位立法委员、监察委员特别是华北、西北籍的委员来参加大会，后来会议竟请到国民党元老张继来主持。

在援绥运动后不久，孙晓村和曹孟君先生被捕，关在南京宪兵司令部。因为救国会组织发展到蒋介石的军事机关，发展到兵工学校、陆军部的陆地测量局等单位，蒋介石从洛阳派人来，以"赤匪嫌疑"的帽子把两人逮捕起来。结果，被关第二天，父亲便到宪兵司令部找国民党高级将领谷正伦讲理、说情，要保释二人。但未保释成功，父亲又多方奔走营救两人。

宪兵司令部是何等地方，人是蒋介石派人逮捕的，国民党很多人躲还来不及，父亲却往虎穴里捞人，岂不知一不留神自己可能也要搭进去，但是父亲就是愿意冒险。

> 子辈讲述

▼ 用毕生经历挖掘爱国主义教材

张西曼之女张小曼

1949年,父亲张西曼因病在北平去世,当时我只有1岁,我对父亲完全没有印象,22岁前仅有的对父亲的了解,也只是从母亲口中得知。22岁那年,我开启对父亲学术贡献的研究。

由于历史原因,在此之前有关父亲的历史资料少之又少,其在马克思主义传播、中苏文化交流以及联苏抗日方面的资料,是靠着我在全国各大图书馆、档案馆,一点一点搜集和挖掘出来的,我还远赴俄罗斯搜寻有关父亲的历史资料。

在对父亲的研究中,我被他在学术上的贡献以及抗战中的精神深深折服。父亲是非常了不起的,他虽然没有持过枪,但他以口笔为刀枪,战斗在文化抗战的最前线。他号召全民抗战,停止内战打击日寇,作为国民党官员,敢于与蒋介石叫板,这种大无畏的爱国精神天地可鉴。

1945年10月10日,国民政府在褒扬抗战有功人员时,向父亲颁发了"胜利勋章"。1995年,父亲诞辰百年时被中共中央誉为文化战线上"坚定的爱国主义者和英勇投身于抗日运动的民族英雄"。父亲在抗日战争期间的贡献得到两党的认可,这是值得骄傲的。

1985年在父亲诞辰90周年纪念会上,中共中央统战部李定副部长转达了中共中央书记处习仲勋书记的嘱托:"一定要把张西曼的历史资料整理出来,以教育后代。这些材料是生动的爱国主义教材!"

我想,我将会用一生为这个目标奋斗,挖掘研究父亲的历史资料,将这些活生生的爱国主义教材传递给后人。唯有如此,才算是对父亲的告慰,也是对那一辈人的慰藉。

孙辈讲述

▼ 在和平年代传承大无畏精神

我叫李香山,是张西曼的外孙,1975年8月生人。从小我便从母亲口中了解外祖父的故事,年少时,只觉得他是位了不起的爱国人士,敢于跟国民党高官叫板,而且政治活动能力强,在抗日战争期间做出了积极的贡献。

成人后,我从母亲搜集的有关外祖父的资料中,认识到外祖父在联苏抗日以及促进中苏文化交流方面,做出过不可忽略的贡献。而且为了达成他所坚持的、追求的目标,可谓鞠躬尽瘁,这是令我们后辈敬佩的。

我们每个人在社会上承担很多角色,父亲、丈夫、儿子、公司领导、合伙人,当我们做决定时,要考虑多方的利益。我曾经想,身为国民党人士的外祖父敢于在党政最高领导人面前表达不同的政治观点,这需要多大的勇气,他将政治前途、个人前途、家人前途都抛在身后,一心为国家、为民族、为事业,个中坚持和无畏也许只有经历过才能体味。

目前,我供职于一家大型国企,承担很多项目的业务处理工作,遇到令人挠头的问题是常事。很多时候,我都会想起外祖父,想想他所面临的压力,国家、政党、民族,在这样的大是大非面前,他依然能坚持自己,直面矛盾。那么,生在和平年代的我们,更应该从容应对一切。古人云:时势造英雄,但是英雄的肝胆赤诚以及大无畏的精神,后辈们应该学习和传承。

> **抗战魂，薪火传**

剿灭最后的日本法西斯流毒，才能保障东亚以至全世界的民主和平。

张西曼[①] 1945年6月

勿忘国耻，振兴中华。
继承父志，中俄睦邻。
自强不息，警惕日美。
扬我国威，保卫和平！

女儿 张小曼 2015.8.4.

铭记历史，浩气永存！

外孙 李香山 2015.8.4.

深切缅怀文化战线的抗日民族英雄张西曼教授！

---

① 该语为张西曼生前之语，此处由其女儿张小曼代为书写。——编者注

第二篇章
爱岗敬业 无私奉献

随机应变司务长程丙海家的抗战故事

文/刘雪玉　图/范继文

老兵档案

姓名: 程丙海
年龄: 86 岁
地址: 北京市密云县太师屯镇东学各庄村

老兵讲述

▼ 掩护大部队腿摔折

我叫程丙海，1929年出生，今年86岁，在1942年抗战时候当过本村司务长。当时游击队缺一个能够随机应变的司务长，我之前给部队放哨站岗，后来一直跟着游击队打仗。

当时大家都举荐我，一个"大胡子"领导也很看中我，就这样我就当上了我们村的司务长。

有一次，轮到我和另一个战友一起放哨。那天，前哨就我们两个人负责，站在山上往下看，我们看到有日本鬼子在附近活动，而且在往我们这边靠近。当时我们特别紧张，知道有可能是他们的人来探路的，我和战友二话没说就开枪了，他一枪打死了一个日本鬼子，当时还有两个日本鬼子跑了。

1945年，一次日本鬼子进村了，我们和日本鬼子打游击战，当时我们游击队一共20多人，鬼子有50多人，我们人数少被包围了。当时我们部队在前边先撤退，我给打掩护。结果到最后就剩我一个人，大家都撤退了。我怕被鬼子抓到，就一下跳到地窖里面去了，当时脚就痛得厉害，但是怕日本鬼子抓到我后，对我严加拷问，询问共产党的下落，我就一直不敢出声。这个地窖是村民家自己的地窖，当时不是很容易被发现。日本鬼子来村民家搜了一圈看没有人，就赶紧去追已经撤退的部队。

正是因为那次游击战，我把腿摔折了，现在腿脚也不好。

▼ 日军残杀无辜百姓

在那之前，日本鬼子进山抓共产党，当时的一个姓麦的八路军助理，拿着一份特别重要的文件，躲在我们村的后山上，日本兵来了就把他追到山上去了，麦助理一看情况不妙，为了保护共产党，他把藏在身上的文件掏了出来，全给撕了。他又害怕自己被严刑拷打，会说出共产党的秘密，选择自杀了。当时，山底下有好多老百姓想要去山上救他。结果，上去的老百姓都被日本鬼子杀害了，日本鬼子就拿着刺刀，两人拽一个老百姓，捅一个扔到山下一个。

还是那年，日本鬼子将村里正在盖房子的村民圈在院子里，挖了特别大的两个坑，把活人埋在里面，不让人出来。日本鬼子还向村民要牲口，抢粮食，我曾经在送牲口的时候看见日本兵用火烧死两个老头儿。鬼子都在夜里扫荡，村民只能逃跑。一个村民抱着孩子跑不动，就把孩子藏在河边。结果孩子被日本鬼子发现后，被活生生地踩死了。

▼ 斗智斗勇，英勇杀敌

我们游击队当时和日本鬼子斗智斗勇，日本鬼子拼刺刀厉害,我们拼不过,我们就拿枪打他们。有一年,日本鬼子来村里"围剿",当时我们游击队刚完成任务返回村,发觉鬼子要进村了。我们都不动声色,藏在山上面等他们进村,鬼子看村里没有人,刚要开始抢老百姓家的粮食,我们就围上了。当时一个日本鬼子拿着刺刀从背后要挑我,我脑袋往后一磕,迅速掏出手枪把他撂倒了。

我们游击队"砰、砰、砰"拿枪打死20多个日本鬼子,打得他们不敢过来了,那次我们特别解气。我当时还缴获了一把日本军刀、两把枪。

勿忘历史

程丙海

子辈讲述

▼ 牺牲自我,吃亏是福

我叫程小慧,是程丙海的女儿,今年52岁,现在在密云城管局工作。提起我爸参与抗日的事情,其实说来我们做儿女的有些遗憾。我爸当年在游击队当司务长,因为跳地窖把腿摔折了,现在每到阴天下雨,腿都特别疼,尤其现在年龄大了,走路都很费劲了。

我爸的腿摔坏了之后,因为一直没好,部队就给他开了休养证明,回村里之后就一直在村里当会计,腿脚不方便,很少出村了。但是我爸不沮丧,也不灰心,在村里也一直是个热心肠,总是帮助大家做他力所能及的事情。

也正是因为他们上一代人的奋斗,我们这代人的生活才逐渐好起来,我现在在密云县城上班,女儿特别优秀,现在也在城里上班了。

小时候,父亲总教育我们吃亏是福,正如当年在抗日战争年代,他愿意牺牲自己,让其他的战士们先撤退。他跟我们小辈说,作为队长,只有这样他才会安心。即便到现在,虽然父亲腿脚不好,但是他从不后悔自己当初做的决定。上班之后,我也是学习了父亲的品格,待人接物学会了不计较,以大家的利益为重。如今,我们当儿女的,也感悟了父亲的话,无论是家庭还是工作,有点牺牲精神,日子会过得更加红火。

> 孙辈讲述

▼ 珍惜现在，刻苦学习

我叫朱鑫鑫，是程小慧的女儿，程丙海的外孙女。我今年26岁，在中国银行上班。姥爷是个非常热心、十分开朗的人，小时候因为常去姥爷家，姥爷经常给我讲他们那个年代的故事，他真的吃了很多的苦。

姥爷还很有才气，当年他上学的时候，就会写毛笔字，读的书也比别人多。受姥爷的影响，我在学习上也不放松，大学毕业之后，一直在银行工作。我们现在每两周都会去姥爷家看他，他有时候馋酒，老是让我给他偷偷买酒喝，我妈总管着他，不让他多喝。

姥爷总是叮嘱我，要珍惜学习的机会，他如今特别羡慕我的学习环境。姥爷常说，今天这样的学习环境，是英雄们经过浴血奋战创造出来的，要格外珍惜。小时候，每次去姥爷家，他都要拿着课本考考我，看我是否都学会了。

抗战对于我们这代人来说，就像在听故事一样，而对姥爷来讲，那是这辈子都难忘的经历。如今，姥爷的战友们好多都已经不在了，姥爷有些失落，因此我们在工作之余，会多抽时间陪他聊天、解闷，也从姥爷讲的故事中学到不少东西，会一直严格要求自己。

抗战魂，家风传

爸爸：我们要牢记这段屈辱的历史，珍惜现在来之不易的和平，努力创造更光明的未来。

汤涛：意大利驻中国领事馆厨师

2015年8月4日

妈妈：战争给我们带来了非常惨痛的代价，牺牲了许多抗战英雄，我们应居安思危，故制（牵制）日本军国主义的复活，避免历史再次重演悲剧的一幕。

李冬会：北京家政清洁三环晖业有限公司

2015年8月4日

孩子：身为生活在21世纪的中华民族新青年，我们要做到勿忘国耻，珍惜现在的生活，为祖国的发展做力所能及的事情。支持国货，抵制日货，努力学习，报效祖国。我们生活在了一个和平的年代，战争对我们而言只是一个血腥的故事。对于战争的残忍我们无法感同身受，我们的使命是努力去建设一个更现代，更文明，更科技的中国特色社会主义新中国。

孟彤

北京联合大学师范学院

2015年8月4日

北平抗战实录

家中独子刘巨元家的抗战故事

文／翟烜　图／王海欣

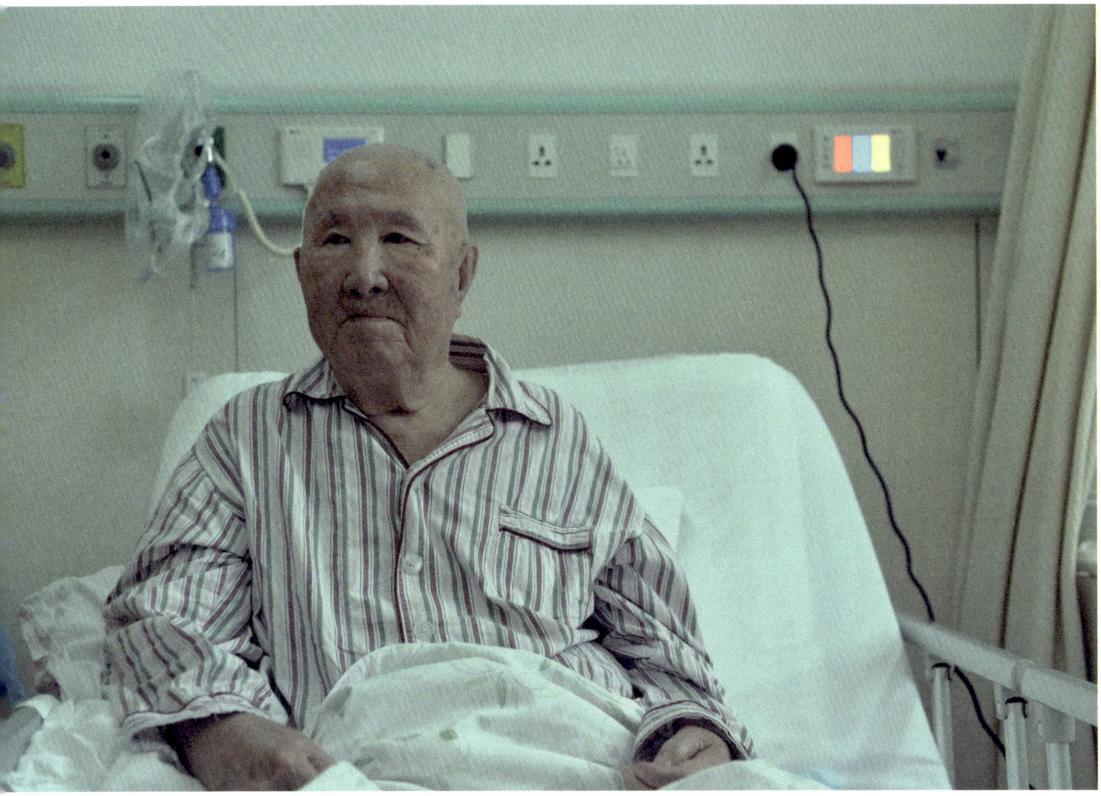

> **老兵讲述**

▼ 家中独苗，悄悄参军抗日

　　我叫刘巨元，北京房山区史家营乡人，1922年出生，今年93岁了。我1940年参的军，1944年加入了中国共产党。我原来在部队上当步兵，1942年，在一次敌后运送粮食的任

★
—— 老兵档案 ——

姓名： 刘巨元

年龄： 93 岁

住址： 北京市东城区天坛南里东区

务中受重伤，左腿伤残，被战友抬回家，伤好后又回到了部队。

我之所以决意当兵，也是受到伙伴的影响。18岁时，听邻村伙伴说，在野三坡和宛平有一支中国的部队正在与日军激烈抗战，当时我就萌发了去前线抗日的念头。因为我是家中独子，怕父母阻拦，我就悄悄地离开了家。

跟着伙伴们找到部队后，我立刻申请去前线打仗，但当时部队为了保证新兵的生命安全，起初并没安排我们上前线，而是让我们为前线战友做后勤保障工作。从这时起，我们也开始逐渐接触战斗训练。

▼ 运粮坠崖，左腿严重骨折

1942年在一次运粮任务中，我受了伤。那时候，鬼子的武器比我们先进，我们就在山里隐藏。为了保证前线部队的吃饭问题，我们必须定期运送粮食。执行运粮任务首先要避免被敌人发现，我是当地人，对地形熟悉，所以那次就选择了一条小路，毕竟道路狭窄，山路崎岖，敌人是不会到这里来的。我赶着骡子刚走上一个山坡，脚下的土就松垮了，我和骡子车一起翻滚到了山底。

当时我被摔蒙了，战友下山拍打我的脸，我才清醒过来，可是发现左腿动不了了，裤腿上也全是鲜血，感觉钻心地疼。经过一段时间的休息，战友们将我背上山，带回了营地。经过检查，我的左腿严重骨折，且外伤严重。营地没有条件休养，我也不想连累其他战友，就提出回家养伤。

一周后，战友们把我送回了家。我还记得，当时父母正在家里干农活，他们并没有注意到我。当我叫他们的时候，母亲的眼泪夺眶而出。父亲则一言不发，只是摸摸我的伤腿。他们把我扶进家，妈妈立刻给我煮了鸡蛋。

我的父母不是因为看到我的伤势而流泪，而是因为我离开家上前线的事情并没有告诉他们，当我受伤回到家，他们才知道我去抗日了。事后他们告诉我，除了一份担心外，他们更为我的决定骄傲。

▼ 家境富裕，父亲捐枪抗日

回到家后，我讲述了自己当兵的经历。父母并没有怪罪我，他们只是看着变黑、变瘦的我，每天精心照料。有一天，母亲说，她非常痛恨日本鬼子，因为鬼子常到村里"扫荡"、抢粮食，不给粮就伤害村民。为了躲避日本鬼子的骚扰，村民轮流放哨，一有动静，村民们就拖家带口地往山里躲，太平日子都让日本鬼子给破坏了。

当时我家家境不错，父亲常去河北交换山货，为了在路上保证安全，他购买了猎枪。看到我奋不顾身地投入抗日，父亲就把自己的猎枪捐给了部队。这让我特别佩服我父亲。

伤好以后，我又回到了部队，虽然不能上前线打仗，但我可以在后方保障战友们更好地投入战斗。1944年，我积极申请并加入了中国共产党，配合党组织做起地下工作，协助部队在多次抗日战斗中取得胜利。

现在我年龄大了，但对抗战时期的经历还是记忆犹新。当时打仗，我们用的都是长枪，每打一枪就得上一次膛，战后有时候还得饿肚子。我记得那时吃的最多的就是面条，面里有一点点肉末，也有一些菜叶，但总是觉得吃不饱。

虽然饿肚子，但我当时非常高兴，觉得自己能参加抗日特别光荣。所以现在我特别爱看抗日剧，特别是老抗日剧，那时候拍得真实，就是我们打仗时的样子。我现在还能清楚地记得打枪时的情景——"打枪！砰！砰！砰！"和日本鬼子交火后，战友们都非常勇猛，我们就是靠这股子不怕死的精神，抵挡了鬼子一次又一次的进攻，最终把他们赶出了中国。

子辈讲述

▼ 父亲教导求学报国，插队三年考上北大

我叫刘军，1955年生人，是家中长子，今年刚从北京市科学技术协会退休。在我的记忆里，我的父亲是个非常有原则的家长，从小就教育我认真对待每一件事，要我为弟弟妹妹做榜样。

我的年龄正赶上上山下乡，幸运的是，我读完高中才去插队。在大兴北臧村的3年插队生活，让我至今记忆犹新。我们被分配到当地200户农民家里，每天在农田干活，当时农民种了小麦、水稻和西瓜，我们每天的劳动都有计划，完成计划才能获得8毛钱。年底时，我最终拿到了100多元钱，那一年父母拿着我挣的钱给弟弟、妹妹都买了新衣服。

我一直谨记父亲让我求学的要求。1976年，我得知知青可以报考大学的消息后，第一时间通过公社报了名。当时我了解到，我所在的地区报名的有十几个知青，可

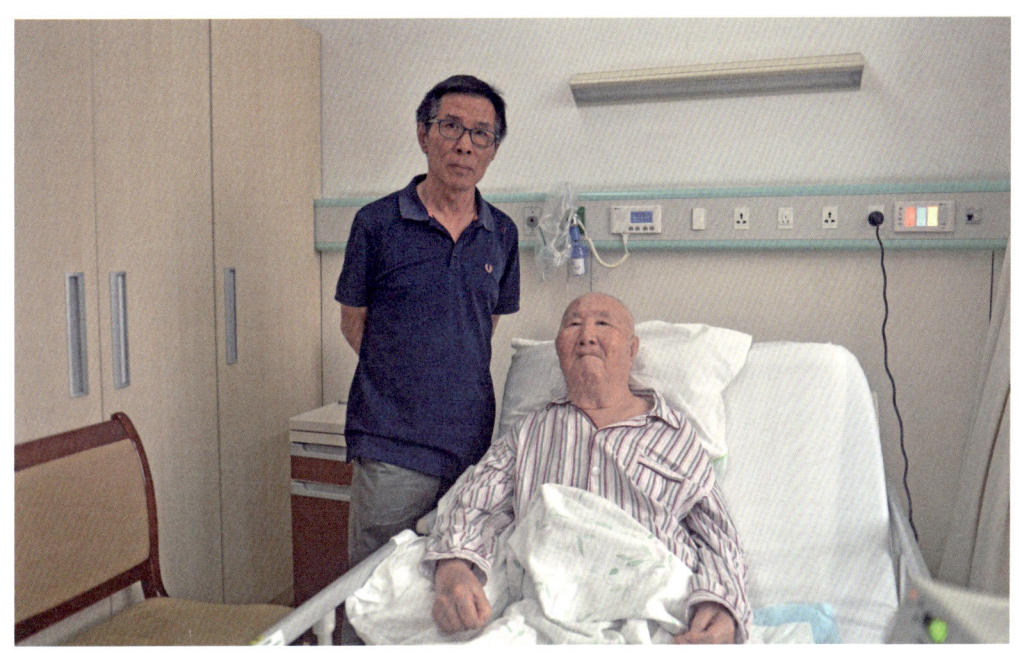

刘巨元与儿子刘军的合影

录取名额只有几个。这件事我始终没告诉父母,因为我的父亲教导我,没有做成的事情不要炫耀。最终,公社接到电话,通知我成功考上了北大。就这样,我成为第一批工农兵学员,这才告诉父母。

那时候,北大搬迁至汉中,我就在汉中独自度过了大学生涯。因为我有高中的底子,所以在同班同学中算是优秀生。当时我们班有很多只读到初中的同学,上课的时候他们听不懂,回到宿舍,我经常给同学们再讲一遍,帮助他们学会知识点。

父亲早早就要求我学着做饭、洗衣,所以无论在大学读书时还是现在,我的自理能力都非常强。在我这一生中,父亲对我的影响真的非常大,按照他的要求做事,让我受益终生。

孙辈讲述

▼ 爷爷的经历如灯塔,照耀我的人生路

我叫刘驰,自从我记事起,就知道爷爷曾经是抗日老八路。但是他很少和我谈起自己的过往,他参加革命的一些经历都是我上大学后听爸爸讲的。

生长在这样的革命家庭，我感到很自豪。回忆从前，爷爷的疼爱、关心，也让我感到无比温暖。

我从小就受到了艰苦朴素、自强自立思想的良好教育。我要感谢我的爷爷，是他们这些老前辈跟着毛主席，跟着共产党历尽艰辛，扛起枪打败了日本帝国主义，解放了全中国。

我是老八路战士的后代，我要继承、发扬革命的光荣传统。

我大学毕业后，曾经在原中央电视大学高职高专教务处工作，主要从事全国电视大学的招考、教学等平台的编辑及设计工作。虽然工作任务重，部门人员少，但我总是严格要求自己，以饱满的工作热情，加班加点，独立完成领导交给的各项工作，不计得失。那时还经常单独出差，到各地电大讲解、辅导平台的使用。

回忆起那几年的工作经历，越发感到生长在这样的革命家庭，从小得到良好的革命传统熏陶、教育是件幸运的事。

在今后的工作及生活中，我要自觉、自愿地努力学习。为我们国家的富强、尽早实现"中国梦"，做出应有的贡献。

> **抗战魂，薪火传**

继承革命光荣传统，
牢记历史、为实现中国梦
而奋斗！

刘军
2015.6.30

发扬老一辈光荣传统、
努力学习！

刘驰
2015年6月29日

幕后英雄小八路孟繁武家的抗战故事

文／孙乾　图／潘之望

老兵讲述

▼ 山村读书郎，埋下革命火种

我是1928年10月生人，1937年，我9岁。那一年，村里乡亲们自己筹钱，办了一个私塾小学堂，我在里面只读了两年书，学校就停办了。那时因为日军占据了东三省和华北地区，

老兵档案

姓名：孟繁武
年龄：87岁
住址：北京市密云县通城胡同

经常到村子烧杀抢掠，私塾小学堂无法开课了，私塾先生也走了。

过了一段时间，共产党领导的八路军十团进了云蒙山，打击日军。八路军在另一个村子办了识字学校，我每天往返十几里山路上八路军识字班。

当时给我们上课的老师，都是八路军派来的地下工作者，用的课本是斯大林苏维埃政府油印的活页讲义。由于日军经常"扫荡"，识字学校经常停课，我们只学了5个月的时间，但是短短5个月，我听了八路军老师们讲的课后，懂得了很多革命道理。

1940年秋天，我12岁。在村里，我亲眼看见日本鬼子到处毁坏庄稼，有时用枪托子抵着老百姓的腰，逼着老百姓自己拔掉地里的青苗。

当年，八路军十团和密云民兵游击队，为了消灭日本侵略者，在云蒙山这一带打游击，昼伏夜出，多次偷袭日本兵，打了一个又一个大胜仗。

日本兵不甘心一次又一次的失败，就对他们进行"围剿"，先实行烧光、杀光、抢光的"三光"政策，血洗村庄，然后抓村民，为他们上山"围剿"八路军带路与"趟地雷"。

有一天傍晚，日本鬼子突然进了村，要抓几个老百姓为他们带路。我虽然年龄小，个子矮，但是比较机灵，日本鬼子就把我抓走了。我那时很小，饿得直哭，鬼子就端着枪跑过来，打得我满身是伤。

在我被抓的第二天，日本兵为了"围剿"山上的八路军和游击队，让我们排成一个纵队，用一根长绳子拉着我们，把我们双手捆在后面，押着上山，万一我们先踏上地雷，就让我们替他们送命。当时，我就对日本鬼子恨得咬牙切齿，暗下决心：我一定要参加八路军，把日本鬼子赶走。

▼ 被抓小村民，多次投奔八路军

1940年冬天，我12岁零3个月。那一年冬天，云蒙山的夜里特别冷，每天都是零下20多度。每到傍晚，日本鬼子烤火取暖，就让我们到山沟里去找木柴，他们端着枪，站在高处监视我们。由于我年龄最小，除了挨饿受冻之外，还经常遭到日本兵的毒打，实在受不了了！

我想说不定哪一天，就被鬼子打死了，或者替他们"趟地雷"送了命！或者饿死、冻死在这大山里！早晚都要死，还不如找机会逃跑呢！如果跑出去，就去找八路军，即使被日本鬼子抓回来，也死个痛快！

有一天傍晚，我假装去方便，藏在山背面一块大石头下，看见站岗的不注意，我就从山的背面，拼命地往山下跑，衣服剐烂了好几处，手脸也都划破了，有几寸长的口子，流了很多血，但我全然不顾，还是拼命地跑。我怕鬼子发现我逃跑后前来追我，并开枪打我，遇到比较缓的山坡时，我就往下滚。就这样，我猫着腰，连滚带爬，总算逃出了鬼子的魔掌。

夜深人静，我终于跑到一个山沟里，一下子瘫坐在一块大石头上，心想：往哪里去呢？回村里，不行，村子被鬼子烧光了，家里房子都没有了，父母也不知道躲到哪里去了。对！找八路军！我要当一个小八路，打鬼子，为老百姓报仇！

但是，八路军在哪里呢？我不知道啊！后来在山里遇到一位老人，他告诉我在冯家峪一带驻有八路军。我听了很兴奋，顾不上寒冷和饥饿，就连滚带爬赶到了那儿，见到一位老首长，上气不接下气地说："我要参加八路军！"

由于我年龄小，个子矮，那位老首长拍着我的肩膀说："你回去吧！你睡觉还不知颠倒，吃饭不知饥饱，八路军整天没日没夜地行军打仗，你可受不了，等你长大点再来当八路军，我们保证欢迎你！"

▼ 终成八路军，修枪弄炮送前线

1944年春天，我15岁半。

县政府有一个干部找到我们村村长，让他推荐一个精灵点的小伙子当八路军，主要任务是给县长当勤务员。村长认为村里只有我念过书，人又精明，就推荐了我，还告诉我："你今天就出发！"

我听后，高兴得蹦了起来，我终于当上八路军了，可以到前线打鬼子了！

可是，当我被带到县长的简易办公室后，他看到我个子小，肥大的衣服乱晃，裤腿拖着地，就对我说："小伙子，你给我当勤务员，一要背大公文包，二要背行军装备，三要背1米高的枪，四要保卫安全。我怕你受不住，你先回村里等几天，我们再商量一下，给你重新安排个工作！"

我急了，一边哭，一边大声嚷着："不行，首长，我想当八路军打鬼子都想了好几年了！这一次好不容易当上了……"

听我呜呜地哭，县长又说："你已经是八路军了，我准备给你安排一个更加重要的工作，不仅能让你过过打鬼子的瘾，还能发挥你的特长，过段时间我会亲自通知你！"

家风的传承——我们家鲜为人知的抗战故事

4个月后,我成了一名游击队队员,主要任务是保护区干部的安全,相当于首长身边的警卫员。除了每天站岗放哨,还要与鬼子周旋,遇到机会,出其不意消灭鬼子。

1945年初,区游击队改编,我被安排在八路军十团供给处工作,供给处有3个下属单位,炸弹厂、修械厂和被服厂。我先进了炸弹厂,我想手榴弹和地雷能消灭更多的鬼子,我就认真地从头学起:学翻砂,制作模型;学化铁,浇筑成型。

1945年5月,我又被安排到修械厂工作。主要任务是修理战场上损坏的枪支,或给缴获来的枪支修枪托子、手枪把,修手榴弹把等。长枪容易坏,尤其里面的部件,比如枪栓里面的撞针,坏的最多。工作时常是连轴转,前方战斗紧、打仗多的时候,地雷、手榴弹需求量很大,我们就不分昼夜地干,什么苦和累,在我们心中根本不存在。

我们认为,在修械所做的工作,与抗日战争的最后胜利有直接关系,所以每当听到前方打了胜仗,我们都很高兴。每当听说某部队用我们修好的武器消灭了很多敌人的时候,我们都不由得欢呼雀跃!因为这些胜利中,也有我们的一份心血和汗水!

子辈讲述

▼ 争创一流,甘愿奉献

我是孟繁武的女儿孟静,我从小生活在父母身边,父亲很慈祥,每天都是乐呵呵的,家里从来没有吵闹和打骂的声音,父亲和邻居友好相处,经常帮助别人,我们既像是亲人又是朋友。

长大了，一点点了解父亲更多了，知道他15岁当兵，会修枪又会做手榴弹，看过他战斗结束后的照片，摸过他的军功章，后来他做过公安，立过功受过奖。其实更多的是他生活中的点点滴滴，他的做人做事深深地影响着我，以及我的小家庭。

受父亲影响，我从小爱看书爱学习，有一次我帮母亲做饭而忘记往炉灶里添柴，火一直烧到了我的裤腿上而浑然不觉。上学后学习上我有拼劲不服输，学习成绩一直优秀，1980年，我从密云师范毕业，1987年从北京教育学院政教专科毕业，1993年北师大政教本科毕业。2002年我从首师大硕士研究生结业，现在是中学高级教师。上学时，我在学校一直担任班干部，首批入团，一直担任团干部，多次被评为学校、乡镇、县优秀团员和团干部，高中期间就成为党员培养对象，18岁入党，多次被评为学校、教育局、乡镇、县先进党员。

父亲经常帮助五保户，接济困难户。家中的自行车经常被借出，家中的缝纫机也为许多村民做过衣服。长年累月的熏陶让我也慢慢学着做一个善良的人，从小把帮助他人看成是义务，工作后帮困难学生买鞋、服装、文具，为他们交学杂费，看望生病的学生，接济多名学生吃饭，1994年4名山区学生到县城读书，周末及中考期间学校没有食堂，他们经常在我家吃饭，还有另一个女生在我家吃住了3个月。

父亲经常讲，工作不能蛮干，要有方法，思想上严格要求自己，工作上争创一流，要有奉献的精神。我做教育工作33年，当过班主任，做年级组长21年，教研组长8年，多次被评为先进教师，是县级"师德先进个人"。我所带班级和谐团结，凝聚力强，纪律严明，学习成绩突出，学生全面发展。这些很大程度上得益于父亲对我潜移默化的影响，在他的教育引导下，我的工作表现更加突出。

孙辈讲述

▼ 乐观豁达，敬业职守

我是孟繁武的外孙女秦菲，姥爷是老革命老党员，我们非常敬重他老人家，我出生3个多月的时候，姥姥、姥爷开始带我，非常辛苦，经常为了我睡不好觉吃不好饭，为我买吃的，买穿的。姥爷善谈，乐观，是一个从骨子里热爱中国共产党和社会主义制度的好党员、好干部。他的言行深深地影响着我,我的乐观、豁达、明事理,是姥爷的功劳。

我在姥爷家的时候,父亲每天夜里都要排队去牛奶场取牛奶,再骑车4公里顶风冒雪送到姥爷家,那些日子姥爷总是早早地等着给我父亲开门,姥姥给我父亲准备夜宵和早饭,在我生病住院期间,姥爷给我送来钱物,帮助我们渡过难关。父母敬佩二老,经常给老人买衣物,买食品做熟了送过去,嘴里经常和我念叨二老对我们的好。不管是姥爷平时看病输液,还是住院,经常是我父母陪伴的多些,爸妈总是说,姥爷不爱求人,什么事总是自己扛着,还以为是当年的战士哪。其实我知道那是姥爷怕给我们添麻烦,我也像父母一样,每当老人家生日或逢年过节时送给他们一些钱物,平时回去也总不忘给老人家买些礼物。

我佩服姥爷,他特别善良,他每次做报告、写发言稿、做提案以及写他优秀事迹、先进事迹的总结材料,总会和我聊一聊。姥爷为小区居民解决燃煤暖气污染问题,为富民街垃圾清洁治理,为县城内公共厕所的修建,不辞辛苦,提出了很好的建议并落实。受姥爷的影响,我也非常注意对环境的保护,培养自己对社区、街道的主人翁意识。

在我心中,姥爷是个乐观向上、乐于助人的人,姥爷非常有涵养,在姥爷家看不见争吵,他从不骂人,心里永远装着别人,每当我们聚到一起的时候,姥爷总告诉我们,社会主义好,跟党走,工作上勤快一些,多干点,遵纪守法。在姥爷的影响下,我在单位积极工作,做事不拖拉,雷厉风行,和同事相处融洽,做事不斤斤计较,工作中不怕苦和累,基本功扎实,无论在什么岗位领导都放心,多次被评为先进个人,年终多次被评为A级。

抗战魂，薪火传

弘扬抗战精神
世代爱国爱党

孟繁武
2015.7.7

勿忘国耻，圆梦中华

亚静
2015.7.7

铭记历史，珍惜幸福

春蕊
2015.7.7

三位英雄母亲之女史庆云家的抗战故事

文/黄海蕾 图/范继文

老兵故事

▼ 生母送情报，惨遭日军杀害

我叫史庆云，1943年生，家住顺义城区。我讲述的是生母素云以及两位养母李玉平、张君的革命事迹。

我的生母原名李淑敏，代号素云，约1918年生于山西。素云妈身世可怜，跟"白毛女"经历相似。22岁那年，素云妈被迫嫁给10岁的小丈夫，成为童养媳。母亲不堪虐待，当年6月，逃离家庭，住进岭根南山一个山洞里。

素云妈是被我的养母李玉平发现的，当时，距离她逃婚已经两个月，山洞没有像样的食物，只存着点南瓜、红薯和干菜。玉平妈看我生母素云可怜，便向组织申请，收留素云并成为八路军的情报员。素云妈送情报不怕吃苦，为避免被敌人看见，她送情报通常都在夜间，还要走山路，有时素云妈一走就是6个小时。

1941年，素云妈与父亲张建国（代号张世杰）结婚，次年阴历4月生下我。满月后，素云妈便又开始带着我送情报。当年的阴历8月，素云妈抱着几个月大的我给晋察冀边区送情报，走山路小道时，被日军发现，素云妈被日军用刺刀刺死。为了能找到情报，日军将素云妈的衣服上下全部用刀刺开。

襁褓中的我被扔进野地里。后来，我被一个拉豆子的老李头带回去，第二天组织得知后把我接走，并且从我的小脚丫下面发现了情报。母亲拼死完成了任务，也保住了我的性命。

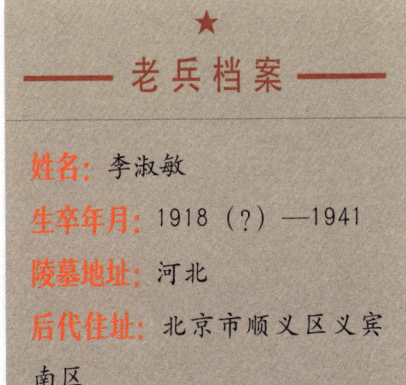

老兵档案

姓名：李淑敏
生卒年月：1918（?）—1941
陵墓地址：河北
后代住址：北京市顺义区义宾南区

▼ 随养母报信，几次险丧命

生母素云牺牲后，我跟随第一任养母李玉

平继续送情报。李玉平是晋察冀八分区的地下工作者。1944年11月，上级部门让玉平妈给军区医院送药棉和白纱布——药棉6斤，纱布68尺，如果直接裹在包袱内送去，极易被发现。玉平妈用纱布给我做了个白斗篷，自己做了件白衣服，然后把药棉塞在衣服里。

那天早上4点天还未亮，玉平妈便抱着我上路了，一直走到晚上七八点。就在离目的地还有两三里路的地方，母亲被前后两路日本鬼子盯上，被问是不是给八路军送信。母亲说，家中有人去世去报丧。日本鬼子不信，边打边问，还用刺刀刺开母亲的白衣服，发现没有情报，日本鬼子就用火柴头烧母亲的膝盖，烫出了6个点，随后把母亲推下山。

日本鬼子不解气，接着又用火柴头烧我的膝盖，刚烧出1个点，远处传来狗叫，鬼子担心是八路军到了，一把将我扔到了山下。

我和母亲命不该绝，母亲被扔下山跌在了半山腰的山洞口，她起身从半山腰向下看，发现我被挂在了树杈上。我们母女算是躲过一劫。

我的第二任养母叫张君，我也曾跟随张君妈送情报。张君妈通常把情报藏在我的头发、衣领或者裤腿里。有一次，张君妈带我到顺义的水坡送信，在西马各庄西侧被敌人远远看见，敌人大喊着并且开了枪。

也许是我命大，子弹擦过我的头皮，没打中。敌人走到我们跟前，问干什么去，我母亲说到姑妈家，敌人不信，对我们俩进行搜身，但一无所获，随后就把我们放了，过了一会儿敌人回过神觉得不对，又跑了回来，母亲赶紧拉着我藏在玉米垛里，敌人用刺刀往玉米垛里乱扎，吓得我们母女直哆嗦，现在我还隐约记得明晃晃的刺刀在玉米垛中进进出出。

子辈讲述

▼ 旧棉袄揭开身世之谜

我在3岁时被张君妈收养，养父名为史洪全（又名子城）。当时生父张建国与养父定下契约，为护女儿，此生不见面，只要双方还活着就不能告诉我真相。

直到1998年养父去世，家人在他床下找到一个黑色的小瓶子，我被收养之事才大白于天下。

当时那瓶口封着蜡,里面装着一块红绸布,上面写着:"今有子城哥,把张义密保,小名小云,生日1942年4月14日4时46分。张世杰史子城,定不面。"正是那句"定不面",才让两位革命前辈都信守着承诺,如同完成一件革命任务一般。

收养之事已明,但有关生母以及为何被收养之事却没人能告诉我,直到一件棉袄的出现。

20世纪80年代,张君妈亲自为我做了件里面三新的棉袄,新里新面新棉花,她叮嘱我好好保存,不能穿更不能送给任何人。当时我还觉得她如此看中一件棉袄有点小题大做。20多年来,棉袄一直压箱底放着。

2006年,我和老伴儿张玉森收拾旧衣物时,发现了这件棉袄,就在我抖袄时,一些旧纸卷从里面掉了出来,打开一看,竟是60年前儿童团名单和自己曾参与送过的情报。

这只是个开始,次年9月,我再次打开棉袄时,发现了一份记录我生母素云牺牲的材料。3个月后,又在棉袄里发现了养母李玉平送情报的证明材料。直到2011年,多人在棉袄里分8次找到10份证明材料。因棉袄珍贵万分,大家一直不敢全部拆开。材料藏在领襟、袖筒等极其隐秘的地方,所以5年中由不同的人陆续找到。

得知3位母亲带我参与送情报的革命事迹,很长一段时间,我的心都不能平静。尤其我的素云妈,临死前受了多大苦,她是被一刀毙命,还是在痛苦的挣扎中死去?想到这些就让我非常心痛,有时候,晚上做梦都在为我的素云妈哭泣。

三位英雄母亲之女史庆云

我的玉平妈多次从敌人的枪眼下逃脱,给部队带去重要情报。这又需要何等的勇气、果敢、机智才能做到。张君妈从小对我疼爱有加,她带我送信,险些我们俩都丧命,母亲该有多害怕。这些事情张君妈却从不向我提,或许,从刀枪下走过的老一辈们,并不觉得这是件多么伟大的事情,也或许她认为,那是每个中国人该做的事情。

但是,作为晚辈的我,

却不能把这份奉献接受得那么理所当然,我不能忘记母亲的抗战精神,我们要继续守护她们曾守护的国家和民族。廉颇老矣,尚能饭否?我虽已晚年,我想接下来的人生,对我仍是重要的,年轻时我曾是劳动模范,而今,我还想继续做家中和社区的模范,守护母亲曾经守护的家园。

史庆云在讲述母亲的故事

孙辈讲述

▼ 承继老革命的崇高精神

我叫张金英,今年55岁,是史庆云的长女。有关素云姥姥、玉平姥姥以及张君姥姥的故事,我是在2006年以后才了解的。之前,为了保护我母亲,也为了当初的约定,张君姥姥只字未提。

自打棉袄揭开身世之谜,母亲就下定决心,一定要找到素云姥姥的牺牲地。2008年,母亲就多次奔赴河北平山县,找当地党史部门、民政部门,找村里年龄大的老人询问。直到2009年10月,素云姥姥葬身的大概位置才确定。母亲身体一直不好,儿女都劝她,知道姥姥为革命牺牲之事就算安心了,不一定找到是在哪里埋葬的。但是母亲执意要找,去河北几十趟,非常辛苦。

母亲的想法很简单,就是想在亲娘的坟前磕个头,叫一声娘。现在,每到清明节时,我都会陪母亲到河北扫墓,看着姥姥的墓碑,心底的敬佩、震撼难以名状。

以前,看电影时,见到很多类似这样送情报的故事,当时没有如此深刻的感受,甚至觉得那只是文艺作品,有很多演绎成分。如今,我看到一张张字条,满满记录了姥姥的真事,才真正体会到老一辈革命家崇高的精神。

他们的故事不需要演绎,讲出来就是一部充满鲜血的历史。我们后辈要做的就是,铭记这段历史,继续讲下去,不能忘却。老革命用命换来的和平生活,我们要珍惜,更要把他们的精神传承下去。

抗战魂,薪火传

生的伟大,死的光荣。铭记历史,缅怀先烈。

史庆云
2015年7月1日

作为英雄的后斗,我感到无比的骄傲和自豪。缅怀先烈,珍惜幸福生活,把先烈的精神传承下去。

张金贵
2015年7月1日

没当够兵的通讯员王井生家的抗战故事

文／孙乾　图／潘之望

老兵档案

姓名：王井生
年龄：90岁
住址：北京市密云县河南寨镇新兴村

老兵讲述

▼ 主动请缨

我今年90岁了，可是我没当够兵，军装也没穿够，现在儿女们就老给我弄军装穿，让我解解馋。

1941年我参军投身革命，那时是在密云

县大队，营长王振忠，跟随他征战平郊。

那年我 16 岁，是我自己主动要参加革命打日本鬼子的。

那时候，我的哥哥曾在地方的某部队模范队参军，后来改编成密云县大队，共 3 个连 1 个营。哥哥一放假回家就给我讲剿灭鬼子的战役，我就着了迷。那时我们家住在山沟沟里独一户，日本鬼子还没有"扫荡"到我们这里，但是我早就听外面的人说日本鬼子对百姓烧杀抢夺，人们对日本鬼子恨得不得了。我就跟我母亲说，我也想去当兵，哥哥有家室，不如我替哥哥打仗去吧！

"看你能耐的，你才多大就要去打仗，你能替得了他？"母亲把我教训一通。我虽然口头上没有坚持，但是心里一直想当兵。

正巧，哥哥休假的一天，县大队的队长来找我哥商量事情。我那时正在地里干活，老远就看队长顺着仅有的一条路往我家的方向走，我撂下手里的活就在后面追，等我追上他，已经跑得上气不接下气。我顾不上歇歇就直接问队长："您看我能参军打仗吗？""嘿，怎么不能啊！"队长听了很高兴，连声说好，"正巧我缺一个通讯员，去给我当通讯员吧！"

从这开始，我就开始了通讯员生涯，一当就当了 4 年。

我的主要任务是，去营里领命令，到班里传命令。但是，这个队长待了两三个月就调换了，按照惯例，领导调走，通讯员就会"下班"了。可是到我这儿，我一连当了 4 年通讯员，为五六个领导服务过。

▼ 死里逃生

那时候打仗死伤的人太多了，有一回印象很深。在乐安头子（密云西北部）战役中，我们遭到了敌人突袭，15 人受伤。我们要撤离的时候，有战士倒下了。我当通讯员时没有枪，牺牲了的那个同志的枪，我就背上了，心想不能让日本兵捡走。和我一同撤离的战士一起跑到了一处墙边，我身手敏捷，背着枪三两步爬上墙跳了下来，接着跑。另外一名战士手脚慢，我回头要去接他一把时，他已经被敌人俘虏了，枪也被缴了。现在想起来很惊险，也为没有帮助上他而感到遗憾。

记忆中 1944 年那场胜仗，是在老班长吴启方的带领下，去密云县解放清水潭。

有侦察兵报告，日军有 100 多人。有这么多日军向北去了，我们撂下手里的饭，等追上敌人，发现敌人已经进了据点。然后，我们老早就去据点南边等着他们返回密云，侦察员又报告，说那伙儿人往北去了。我们这个队，忽一下继续往北追。等追上鬼子，发现鬼子又刚进了清水潭村，都挺不赶巧的。我们就把村子给层层围上了，敌人100多人投降，我们缴获了大批枪支弹药。

但是，当时有个情况我想不通。我们讲究优待俘虏，曾把抓住了的一个俘虏放了。我当时就挺不理解，打日本鬼子抓住了为什么还放了他。后来，没想到在以后的几次战役中，他给八路军弄出好几次子弹和药品，我才明白争取俘虏的工作有多么重要。

▼ 遵规守纪

到了第四年，我要求下班。这是因为，当时营长王振忠看好我，点名要我去营里当通讯员，可是下面没舍得给，我就主动要求下班了。

一下班，他们就把我安排在主力班。刚下班没多久，战士都管我叫"大姑娘"。之所以落了个"大姑娘"的称号，是因为很多通讯员在连部没有纪律，下班之后就不听指挥，瞎闹，班里人都不待见。我下班的时候，特别遵守纪律，别人觉得我老实，这个外号就这么叫开了。

我一下班就让我干学习组长，过一个月又给我任务让我当战斗组长。那时作战讲究三角形战斗，一个班分3个组，正班长带一个组、副班长带一个组、战斗组长带一个组。

我这人虽然没干过正经的干部，但工作没少干。过了三四个月让我当副班长，但是之后因为伤病我便在精兵简政中退伍了。

我打仗的时候没被子弹伤过，但是抗日战争时期，行军打仗净在外头过夜，冬天也多在外面露宿，我打裹腿打得太紧了，最终把腿冻坏，现在一到秋冬天就肿，腿疼。

1945年年中，我从部队退伍，先到密云县政府报到。那时候，我们一行20多人，集中到了密云县政府，遇到县看守所所长在政府等着挑人补充看守所力量。

所长见人就问，哪里受伤，愿意回家不？问了10多个人，人家都愿意回家。后来问到我，我说我不愿意回家，我家的房子都让日本鬼子烧了，我当兵还没当够。所长就说，那接着跟我当通讯员去！

我高兴坏了，立马跟所长走了。可是，那时正是冬天，我的腿确实太疼了，走路都痛苦，干了不足一个月，人家还是把我打发回来了。所以到现在，我想当兵的想法还是这么迫切，也觉得有很多遗憾。

> 子辈讲述

▼ 安分守纪，努力做事

我叫王凤富，今年57岁，是王井生的大儿子。我们兄弟姐妹共9人，我在家里排行老大，对父亲的革命经历和感受也最深。他的一生，对党的事业无比忠诚，无论是在部队的时候，还是退伍后回到地方，他都是以党员标准来要求自己。

对我们，父亲总是教导，要好好做人，努力做事。无论做什么事情，要对得起别人，对得起自己，更要对得起良心。

父亲是个老实人，做事认真负责。当兵的时候，他给连长当通讯员，一个人能顶3个人用。当兵生涯给他留下了"大姑娘"的绰号，虽然有点夸张，但是基本能够反映他老实、本分的性格。他时常给我们念叨一件事，有一次打仗路过老百姓的苹果地，部队的同志实在口渴难耐，极个别人忍不住摘个苹果吃，可是他说自己无论如何都不会动百姓的苹果。

如今在村里生活了这么多年，可以这么说，如果有人在背后讲王井生干了坏事，即使是说他干了一丁点不讲道义或者不讲理的事情，就连村里跟他不太熟的人都会出来替他辩解，大家都知道他不可能干。

我们像他一样，从事着平凡的工作，我的兄弟有的还留在密云农村，有的在煤化工厂工作，我是一名工厂维修工，我们潜移默化地受到父亲的影响，都在自己平凡的岗位上兢兢业业地从事着自己的工作。

在生活上，父亲实在是一位艰苦朴素的老人，不光自己不铺张浪费，也看不得别人浪费。

如今生活比过去好多了，但是他过去吃过苦，是从穷苦日子蹚过来的人，如今这么大把岁数，还是很勤俭节约。比如，在节水方面，他每年夏天接雨水洗衣服，浇花浇菜。洗脸和洗脚的温水,都是夏天在阳光底下晒热了拿来用。

我母亲已经去世 20 多年了,现在,我的老父亲仍自己住在老屋子里,我的兄弟姐妹想轮番让他过去住,可是他从不愿意别人照顾他,不愿意给我们添麻烦,固执地住在老房子里。父亲总是说:"我是服务别人的人啊,我服务过五六位领导,现在你们伺候我,我受不了。"

他不光不跟我们儿女居住,连现在的老房子我们要给他翻修,也不行。他现在住的房子里有一根檩条,是我们家最早的老房子的,这根檩条是从山里的老房子里搬出来,搬到现在的居住地。现在,他念旧得很,说什么都不让动。

现在他还是没穿够军装,我们兄弟姐妹就想法弄来给他穿。

孙辈讲述

▼ 敦厚和善,好好做人

我叫王晨楠,今年 26 岁,是王凤富的女儿,王井生的孙女。

我爷爷对我们孙子辈是非常和蔼可亲的,我们回去,一有时间他就给我们几个孩子讲当年行军打仗的事,可爱说了,只要我们孙辈儿在就讲过去的事情,一边讲还一边教导我们,要艰苦朴素,不能忘本,要努力工作,好好做人。

我们没办法切身站在那个时间段去体验他老人家的感受,但是,他现在身上仍然具备的好多优秀品质就能教导我们。

我爷爷其实是个特别可爱的老头儿,他接受新鲜事物的能力很强,他现在都 90 岁了,之前为了联系方便,给他配了一部手机,上手还挺快。有不会按的,谁回家逮着谁就问,一定要问明白了。现在他学会了好多的功能,都让我们感觉"不可思议"。

还有,我爷爷特爱穿军装,他冬天还会戴一个厚军帽,特别可爱。还记得有一年七一的时候,政府给爷爷颁发了一枚军章,他就戴着在村子里转,特别自豪,我们都觉得他非常可爱。

在人际关系处理方面,爷爷对我影响很大。他对人非常和善,待人宽容,我现在在街道办事处工作,日常接触的居民挺多的,他的这种敦厚的品质时刻教导我,要与人为善,对人多包容。这对我的工作有很好的影响。

抗战魂，薪火传

我没当够兵。

王井生[①]

2015年7月7日

伟大的抗战精神是天下兴亡，匹夫有责的爱国精神。如今的好生活都是那些抗战英雄们不畏强暴、浴血奋战，用生命换来的。故事并不遥远，历史就在身边。让我们永远铭记这段历史吧！

王凤富

2015年7月7日

"国耻永不忘，民族当自强"，相信我们这一代人对民族耻辱的牢记，定会让我们的民族屹立于世界之巅！

王晨楠

2015年7月7日

[①] 王井生老人不会写字，特请记者将自己的感言代为书写。——编者注

热血党员王双进家的抗战故事

文／韩天博　图／赵思衡

老兵档案

姓名：王双进
年龄：90 岁
住址：北京市丰台区东高地

老兵讲述

▼ 响应号召，走上抗日路

我叫王双进，河北河间人，1925 年 3 月出生，今年 90 岁了。1942 年 1 月，我参加了八路军，在任河县一二〇师独立旅地方游击队，同年加入中国共产党。

参军那年我刚好17岁。当时，华北地区已经沦为敌占区，我的老家任河县镇上村经常有小鬼子过来抓壮丁，村里的不少年轻人都被他们抓走了。大家心里都清楚，被日本兵抓走就是一个死，与其死在日本兵手里，不如跟他们拼一场，大家都不想当亡国奴。

那时候，八路军在我们当地大力宣传抗日救亡思想，村里不少年轻人都加入了进步组织。我在家里排行老二，大哥就是当时八路军扩兵委员会的宣传员。所以，我刚到17岁，就主动要求参军，当时家里人也都支持我的决定。

刚参军不长时间，我就加入了中国共产党。那时候条件太艰苦了，队伍上发给我一支"汉阳造"，六七发子弹，两三个手榴弹，还有一件棉衣，我就开始跟着游击队打日本兵。

第一次杀日本兵是什么时候，我已经记不清了，反正那会儿几乎天天有战斗，有时候一天好几场。子弹打没了就等着鬼子离近了用手榴弹轰，一颗手榴弹扔过去，怎么也能炸着一个两个的。

▼ 破坏公路，遇袭被炸伤

就在我参军当年的3月，游击队奉命破坏敌人的运输线，也就是挖敌人汽车途经的公路。我们和日本兵实力上有差距，不能硬碰硬，所以几乎都是晚上行动。到了白天，日本兵发现路面被破坏，就会把路填上，这样反反复复几天，敌人可能也逐渐发现了我们的行动规律。

一天晚上，我们正在蔡村附近的公路上作业，突然，路对面闪过几个人影。为了保险起见，队长派出一名侦察员抵近侦察，结果发现几十名日本兵已经趁着夜色摸到了路边。我们一看，情况不对，藏是藏不住了，就打了几发子弹，日本兵也立刻还击，子弹在夜空中划出一道道亮线。

由于天实在太黑，敌我双方都趴在公路两侧，看不清彼此，也不敢贸进，只能朝着大概的方向射击。双方都是边打边退，我身上只有五六发子弹，很快就消耗得差不多了，带的4颗手榴弹也都甩了出去。突然，敌人的一枚迫击炮弹落在了我身边，"轰"的一声，我就感觉右腿一阵疼痛，摔倒在地，然后又赶紧爬了起来，继续往回撤。跑了几步之后，实在是跑不动了，只好趴在马路边上。

和我一起趴在路边的，还有一名姓安的战友，他问："你是小王吧？"我回答："是！"他说："我也受伤了，腿整个都炸折了。"我们两个人只好抱着枪趴在地上，

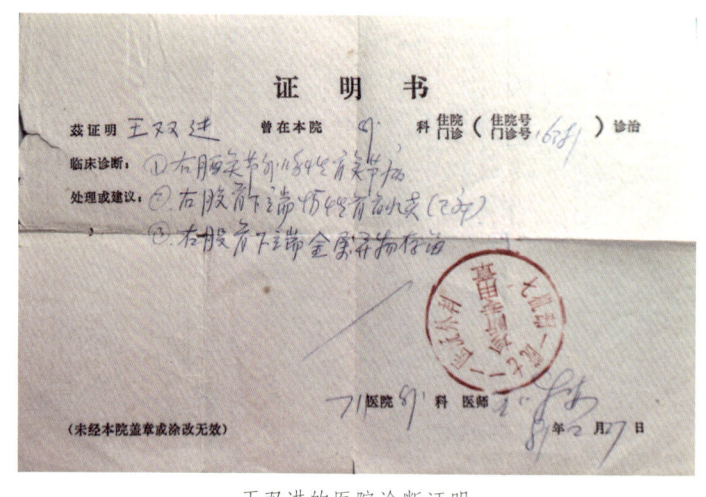

王双进的医院诊断证明

炮弹仍然在我们身边不断爆炸。

当时,我还有一些力气,可是姓安的战友已经动不了了。我只好独自一人往锁井村方向爬,爬了整整一夜。

第二天天刚刚亮,我终于爬到了锁井村村口,放哨的民兵发现了我,并向我喊话:"你是干什么的?"我回答说:"我受伤了,你们快去救老安,他已经爬不回来了。"民兵赶紧把我抬进村子,并派人把老安也背了回来。

▼ 民兵抬我打游击,感叹军民鱼水情

那时候条件非常艰苦,大夫给我的伤口消了消毒就缝上了,又涂了一些消炎药,剩下的就只能靠静养。当时鬼子的"扫荡"非常频繁,在村子里养伤都像打游击一样,鬼子来了,部队就把我们伤员藏起来,要么就是抬着我们撤离,敌人走了再回来。后来,我们十几名伤员被转移到相对安全的李花村。

1943年,鬼子发动五一大"扫荡",我们所在的李花村也不再安全。由于缺医少药,尽管过了一年多,我仍然没法正常走路,转移需要别人用担架抬着。当时,上级命令村里所有人必须全部转移,为了不拖累部队和全村的百姓,我们几个伤员主动提出留在李花村。当时我们想,战友抬着我们打游击,那还得了,但是领导坚决不同意。

在转移过程中,鬼子对我们进行了地毯式的"围剿"。一天,民兵抬着我们10多位伤员经过一片麦田地,敌人突然追了上来,枪炮声响成一片。我当时就对民兵说:"你们把我们放下吧,赶紧撤离,要不谁也走不了。"几个民兵当时就急了:"那哪儿能行呢?怎么可能撂下你们不管了呢?"结果,就这样跑了整整一天一夜,终于甩开了敌人,当时的条件简直残酷透了。

所以说,军民鱼水情,老百姓对我们的保护意识相当强。不管走到哪个村,村里的大娘给我们煮鸡蛋,拿尿盆,弄这个弄那个,无微不至地照顾我们,真的是非常感动。

家风的传承——我们家鲜为人知的抗战故事

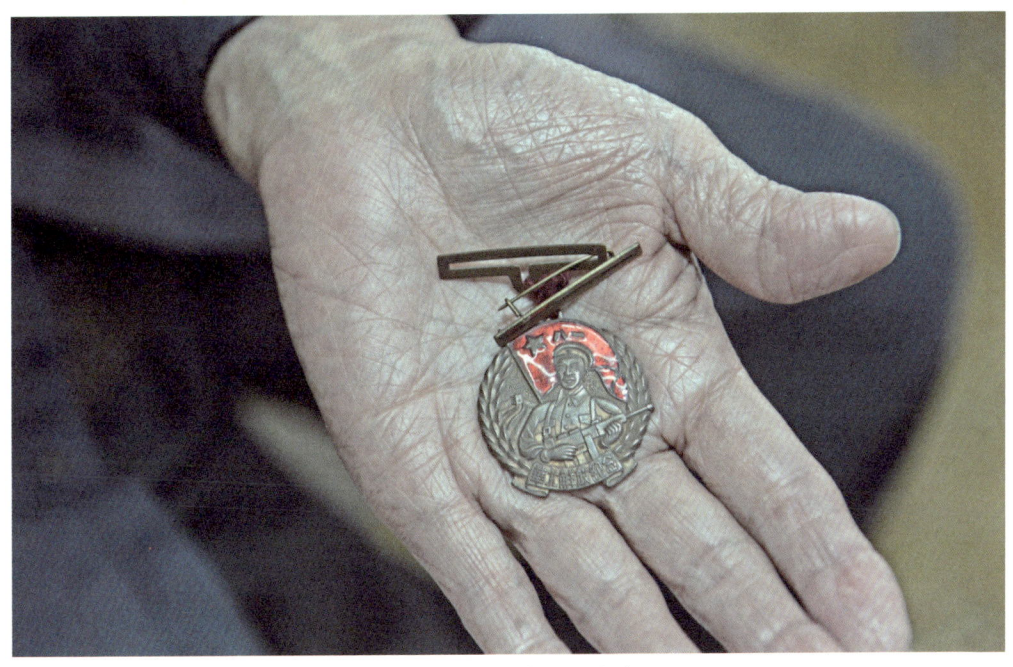

王双进的"华北抗日纪念章"

子辈讲述

▼ 严格要求后辈，祖孙三代为国奉献

我叫王京通，是王双进的儿子，今年53岁。我1980年参加工作，在航天部下属的国有企业，也就是我爸退休前的老单位，等于是接我父亲的班。我爸给我们讲过不少他当年参军打仗的故事，可以说我们一家人都受到他的影响。包括我的儿子，参军之后转业，也回到我爸原来的单位工作，可以说祖孙三代都把青春献给国家航天事业了。

我父亲做事特别有原则，对小辈要求很严格，这跟他当年的经历是分不开的。不管在不在工作岗位上，老爷子心里想的永远都是国家，除了自己，也要求我们必须这样做。作为一名老党员，我父亲一直教育我们积极要求进步，现如今，我和我爱人，包括我儿子和儿媳妇全都加入了共产党。

1980年，我准备参加工作，那时候正是改革开放初期，下海做生意的人不少。当时我就想，进我爸的单位一个月也就是三四十块钱的工资，如果也做生意的话肯定比这个挣得多,所以不想去。我父亲就劝我说,这是国家的航天事业,"我在这儿干了一辈子了,不能没有接班的呀",就这样强烈要求我进厂了。这一干就是30多年,现在我也可以自豪地说,我们家是三代航天人了。

刚进单位的时候,我被安排在锅炉房烧锅炉,说心里话,这个工作在别人眼里不太体面,我就希望父亲能够托托关系帮我换个工作。我父亲就告诉我:"革命工作,到哪儿都一样,干好了,行行都出状元。"类似的事情有很多,父亲从来没给我们开过"后门"。

父亲是一个非常有原则的人,在这一点上,我和儿子都有深切的体会。记得有一次,我儿子想用老爷子的医保卡去买点儿药,当时跟我说了这件事儿。因为我之前也有过类似的想法,结果在父亲那碰了一鼻子灰,我就半开玩笑地跟我儿子说,要不你自己去试试吧。

结果我儿子一提这件事,我父亲直接跟他发了脾气:"你也是一名共产党员,怎么能占国家的便宜呢?"父亲态度非常的严肃,我儿子也就没敢再提这件事儿。后来,我和儿子都认为父亲的教育是对的,就再没动过这样的念头,也教家里人不要占国家的便宜。

孙辈讲述

▼ 拒绝托关系,爷爷鼓励我上前线

我是王振,今年28岁,王双进的孙子。19岁那年,我来到安徽芜湖,成为了一名光荣的武警战士。可以说,我去当兵,就是受了爷爷的影响。从小的时候,爷爷就经常给我们讲他当年打鬼子的故事,还拿出他的军功章给我们看,还有他负伤的腿,更是让我感受到了当年抗战的残酷和今天生活的来之不易。在我很小的时候,就希望长大成为一名像爷爷一样的军人。

2006年,我应征入伍,来到武警安徽省总队芜湖支队当兵。2008年,也就是我当兵的第二年,安徽阜阳王家坝发大水。当时,我正在总队参加集训。那天晚上8点多,部队接到命令,要开赴阜阳,参加抗洪救灾战斗。教导员给所有临时集训队的战士们做了火线动员,并告诉大家,国家需要我们的时候到了,部队将会在第二天凌晨开拔,并要赶在第三次洪峰到来前到达前线。

动员会结束后,战友们排队给家里打电话。我在第一时间就拨通了爷爷的电话,说实话,那时候说不怕是假的,主要是想到了1998年那场大洪水中部队所做出的牺牲,心里有点儿想打退堂鼓。除了想在爷爷这里找到些许安慰之外,也有一点侥幸心理,希望他能够托托部队里的关系,让我留在后方。

在和爷爷表明了这个想法之后,爷爷毫不犹豫地拒绝了我:"这个关系我可以托,但在这件事上,我是绝对不会这么做的。"他在电话里告诉我:"我军的优良传统是'战时用我,用我必胜',你要是连这点儿思想准备都没有,那还当什么兵啊,国家需要你的时候你就得顶上!"爷爷的教导犹如当头棒喝。当然,在电话里,爷爷还是说了一些安慰我的话,在他老人家的鼓励下,我和战友们出色地完成了抗洪救灾任务,还光荣地受到了国家领导人的接见。

2012年,我退伍并回到北京参加工作。直到今天,每当在工作中遇到一些困难或不顺,我都会跟爷爷说一说。而在这种时候,爷爷总会送给我4个字——天道酬勤,并且经常会教育我说:"做事情不要总是想着自己的利益和荣誉,只要踏踏实实地做事,大家都会看到你的付出。"

抗战魂，薪火传

> 今天这个社会来知不义[①]
> 无数革命烈士换来的
> 望下一代青年抱这美好
> 的社会积国建设中
>
> 王效捷

铭记先辈之奋斗与牺牲
传承中华民族之精神！

王宗通

2015.07.07

作为抗日战争老战士的后代，在继承先辈的优良品德的同时，我们更应不忘国耻、奋发图强，所谓少年强则中国强，我要为中国航天梦而拼搏！

2015.07.07

---

① 应为"来之不易"。——编者注

羊倌通讯员徐月厚家的抗战故事

文／王硕　图／王海欣

老兵档案

姓名：徐月厚
年龄：84 岁
住址：北京市昌平区崔村镇西峪村

老兵讲述

▼ 不为人知的通讯员事迹

　　我叫徐月厚，北京昌平人，1931年出生，今年84岁了。1944年至1945年两年里，我以放羊人的身份，给在昌平南邵四合庄、大辛峰、九里山一带的八路军、地下党传递情报。

这段经历我之前从未对人讲过，包括我的子女。那时的九里山上，谁来谁打，山上净是子弹壳子和手榴弹把儿。我庆幸那时子弹没有把我打死，日军也没有发现我，如果那时我死在山上，也许不会有人知道。

▼ 13岁羊倌成八路军通讯员

1944年，我13岁，还是个孩子，当时四合庄有一个远房亲戚，是我姑奶奶的儿子，我叫他表叔，他家家境比较殷实，有房有地，雇了一些伙计。那年正月初六，我表叔家买了25只小羊没人放，让我去给他放羊去，我就去了。

我白天去九里山放羊，晚上就住在表叔家的长房里。和我住在一个屋的，是一个姓陈的老头，叫什么名字我不知道，这老头50多岁，皮肤特别黑，又矮又瘦。他和我住一间屋，睡在一个炕上。

1944年的五一，吃完晚饭没什么事，老陈突然问我："你知道今天是什么日子吗？"我说我哪知道，他告诉我"今天是五一国际劳动节"。他说："咱爷俩在这炕上睡的日子不少了，我给你点工作，你敢不敢做？"我说："你给我什么工作？"

他说他岁数大了，走路也不行了，你不是天天去九里山放羊吗，有一封信，你帮我送到九里山，那边有人来接，不过路上这信你可别让别人瞧。我说，我一个小叫花子，谁检查我呀。

后来，他就给我一张手指宽的纸条，纸条折成了十字。

他说到了九里山以后，那边有俩人等着我，还告诉我一个暗号。山那边人说"西方来"，我说"我是西方来"，然后我说"东方去"，那边说"我到东方去"。然后就可以把信交给他们。

见面之前我不知道他们是什么人。那两个人披着灰色大衣，里面是军装，衣服里背着长枪，腰上还有手枪，这时我才知道他们是八路军，来和我接头的两个人，一个姓高，一个姓唐。

就这样，我成为了八路军的通讯员。每天上午，我都赶着羊去九里山，有时老陈这边没信送，我也要去那边看看有没有信息要带过来。

▼ 翻山越岭，夜送重要情报

1945年秋，天气开始转凉，表叔家已经开始刨白薯了。有一天傍晚，老陈突然找我，问我吃饭了没，我说吃了，他问我黑天敢不敢出去，我说黑天出去干吗，他说有个很重要的消息，要今晚就送过去。我说你说吧，他说，你到大辛峰去一趟。

大辛峰离四合庄十几里路不说，村里上百户人家，我去找谁呀？老陈说，你别着急，到了村里，你到村最北头，有一条东西向的后街，看见一个独门独院的3间瓦房，就到了。他问我敢不敢去，我说试试吧。

那天晚上有月亮，也有乌云，天黑蒙蒙的，脚下有时看得见又有时看不见。我一出门就奔大辛峰，那会儿没大马路，相邻的村子间才有路，要去大辛峰只能从一个村奔另一个村，我一口气穿了5个村才到大辛峰。

那时的昌平时有狼群出现，晚上更是没人敢出门，我就一路拿着放羊的小鞭子，"吧嗒吧嗒"甩着壮胆。在大辛峰村南面的天地庙，我坐下来歇一口气，才发现身上的褂子都被汗打湿了。进了大辛峰村，外面一个人都没有，连狗都不叫，我就一路奔北，走到最北头，看到一户人家。

3间瓦房，独门独院，和老陈说的一样。我知道我到了，就开始叫门。南房里，有站岗的兵，听我叫门，哗啦哗啦推子弹。"干吗的？"他们问我。

"串亲戚的。"我小声儿说。这时，里面出来俩人，让我把手举起来，我把手里的小鞭子扔了，他们开始摸我身上有没有东西，摸了半天没发现什么才让我进去。我还没进屋，屋里的人出来了，说："你这么晚来干吗？"

我抬眼一看，嘿，屋里的人我认识好几个，都是以前我送过信儿的。

后来我才知道，这是八路军老十团的一个营部。我把信给他们的头儿，他一拍大腿，说了声"嗨"，然后又写一个纸条交给我带回去。

▼ 八路军接获情报，成功伏击日军

当晚我赶回来后，老陈跟我说，明天早上你放羊别那么早出去，晚着点儿。

我当时不知道他什么意思。第二天早上，我刚把羊赶出圈，就发现大门外头，日军的警备队猫着腰跑。我就赶紧把羊往回赶，进院后没多久，枪声就响起来了。

我和其他的长工都躲进红薯窖。一会儿工夫，八路军就杀过来了，警备队被打得抱头鼠窜。我这才知道前一天晚上送的情报可能就和这个有关。

我给他们送信两年零两个月，慢慢地和他们熟悉了，后来有一个姓高的八路军想带我走，跟着他们参军，但因为我太矮了，最终没能去成。

在给八路军送信的这两年两个月里，我没有受到日军盘查。因为我赶着羊，穿着和叫花子似的,也没人理我。老陈也是充分利用我这优点,让我拿着信,他绝对放心。

1946年6月,共产党在西峪村进行了土地改革,我们家有房有地了,我妈让我回家种地,就这样,我结束了两年零两个月的通讯员的工作。当时我身边的人,除了老陈,谁也不知道我这份"秘密"工作。

子辈讲述

▼ 两袖清风,待人宽厚

我叫徐长福,是徐月厚的长子,我还有两个弟弟,一个妹妹。老爷子这一辈子吃苦受累我们都知道,但老爷子的这段经历之前从来没和我们这几个孩子说过。也就在去年,我有时回来陪老爷子聊天,才听他说起这事儿。

我是1955年生人,从我记事开始,我爸就特别忙,特别累。我爸小的时候上过一年半私塾,好学,字也写得特别好。1956年到1965年,他就一直在村里做会计,"四清"的时候,上面来查账,我爸任何贪污的事都没有,公家的东西分文不取,后来上面得出结论:这人是个好人。

1965年,我爸成为村里的书记,直到20世纪90年代,才主动请辞支部书记一职。当书记不容易,要负责一村人的吃穿,所以他没有一天闲着的时候。为村里办了不少事。现在村里的路,就是他带人修的,水井也是他带人打的。他还带村里人开了好多矿山,非常认真负责,曾多次被评为昌平区(县)优秀党支部书记、优秀共产党员。后来我爸爸辞去书记一职,除了两袖清风,什么也没带走。

对家庭,我爸爸也是特别负责的人。我印象最深的,就是我爸爸白天在生产队干一天,晚上收工了,还要到山上去开荒种地。那时候家家户户粮食都不够吃,就靠种点生产队不要的"石边地",还得自己去开。那时我们几个还小,我爸妈就晚上去种地,收获的粮食来填饱我们肚子。

我们现在都特别感谢我爸妈,不管好赖,不论是玉米,还是白薯,能让我们填饱肚子。有时,亲戚家粮食不够吃,也上我们家来。我姥姥在我们家住了30年,我爸爸从没和她红过脸。我爸爸在为人处世时的这种宽厚、大度,一直影响着我。

家风的传承——我们家鲜为人知的抗战故事

徐月厚（左三）与老伴儿及儿子、儿媳的合影

我爸爸的这段抗战经历，我觉得值得铭记和深思。他给八路军传递情报时，只是一个十二三岁的小孩子。在面对日本侵略时，连一个十二三岁的小孩都知道反抗，日本怎么可能打败中国？再一点，我爸爸的这段经历，也可以作为日本侵华的证据，现在村里参加过抗日战争的老人已经没几个了，这段历史，应该有人记住它。老一辈为抗战、为国家做出的贡献，以及对自己的岗位认真负责的态度也一直影响着我们后代人，希望这种认真负责、不屈不挠的抗战精神一直传承下去。

孙辈讲述

▼ 朴实低调，正直负责

我叫徐扬，是徐月厚的孙女，徐长福的女儿，1982 年出生。爷爷的这段故事，我是最近才听我爸爸说的，之前爷爷从未提起。

我听到这些故事后，对爷爷特别敬佩。不是因为他十几岁的时候就敢去给八路军送信，而是这么多年来他对这件事的守口如瓶。爷爷已经80多岁了，那是他十几岁做的事情，这期间过了差不多70年，他没对任何人讲过，也从来没拿这件事炫耀，到了耄耋之年才把这段经历说出来。从这件事上我就感觉到，爷爷朴实低调的作风，很值得我们年轻人学习。特别是现在这个社会竞争很激烈，很多人做一点事情，就希望让所有人都知道。

爷爷在村里当了多年的村支书，正直、诚恳、负责任。即使从支书位置上退下来，爷爷的这一本色也丝毫未改。前两年，村里竞选村干部时，曾有亲戚参选，找爷爷来拉票，但爷爷觉得他可能还不够当干部的标准，不投的话，都是亲戚又抹不开面子；投了又觉得不负责任，对不起这张选票。所以到了投票那天，爷爷和奶奶很早就起床，偷偷地下山，躲开了。他用这种方式，既不伤亲戚的颜面，又表达了自己的主张，就是你不够当干部的，我肯定不会因为关系就投票给你，如果让应该当选的人落选，爷爷觉得这样不公平。

在我的心里，我爷爷是个特别正直、特别诚实的人，我们家也一直都秉承着这样的家风，朴实真诚，正直诚恳，负责任。

我现在在金融行业工作，和爷爷一样也是一名共产党人，是我们党支部的宣传委员。2008年入党，现在有七八年的党龄。我觉得作为一个共产党人，应该像爷爷一样，认认真真地做事情，而不是一定要去炫耀，让全世界都知道。我觉得这种精神很值得我们学习，能够做到问心无愧，自己觉得是在做一件很正确的事就可以了。

抗战魂，薪火传

我目睹了日寇侵华暴行，毅然参加抗日斗争不怕死，不畏难，终于迎来抗战胜利，我为此感到光荣和自豪。

抗战老人 徐月亭
2015.7.6日

父亲在上世纪四十年代，全家子弟小小年纪，即忠勇敢不怕牺牲参加共产党领导的抗日斗争中，是中华民族、国家兴亡，匹夫有责的信念使然，是我们全家的光荣，本不足为外人道也。值此纪念抗战胜利七十周年之际，昭示世人，激励我辈后人珍爱和平，勿忘国耻，缅怀英烈，为国家民族之富强奋斗不已。

儿 徐长根 2015.7.6

铭记抗战历史，谨记爷爷嘱托：

不忘历史，珍爱和平，开创未来！

孙女 徐珈
2015.7.7

妇救会主任张成凤家的抗战故事

文／龚棉　图／赵思衡

老兵讲述

▼ 家人被害坚定抗战，组织妇女制鞋缝衣

我叫张成凤，北京门头沟人，1927年12月出生，已经快满88周岁了。抗日期间，我积极努力帮助抗日，后来因为思想先进，17岁就早早加入了党组织。新中国成立前，我还

老兵档案

姓名：张成凤
年龄：88 岁
住址：北京门头沟区清水镇洪水口村

曾经担任过妇女救国会的副主任，后来继续在村里担任妇联干部工作。

没多大的时候，我就嫁到洪水口村做童养媳。嫁过来没多久，日本兵就到了门头沟，我们村里家家户户的日子都很不好过。抗战期间，我的公公还被日本兵打死，具体的情况我没有看到，他老人家的尸骨到现在也没有找到。这样的情况，更加让我坚定了为抗日做工作的决心。

那时候，我和同龄的女孩子都很想为抗战做些事。我就组织有能力的女孩、妇女做军鞋、缝军装，再收集起来交给八路军。总共能有二三十个人在做这些。我们几乎把农闲的时间都利用了起来，白天夜里都在缝缝补补。有的妇女还不太会做鞋、缝衣，我就一点一点教她们，要把针脚都做得尽可能细和密，好让八路军战士穿着结实。有的时候，我们白天在家门口做鞋，村子里会有日军的眼线，问我们给谁做鞋，我们都十分警惕，告诉他们"自己家的"。

妇女们做好鞋，由我统一收起来。鞋子一多，往往也会让别有用心的人怀疑，我就藏在家里的柜子里、床下，等做好10多双鞋就交上去。还好，在这期间并没有出现特别惊险的时刻。

张成凤与老伴儿

▼ 误会委屈皆承受，细心机智留口粮

入党后我继续在妇救会工作，由于党员身份不能公开，每次开会活动我都需要面对家人的不理解以及村民的误会，但这些委屈我都默默忍受了。

因为我们这里是山区，村子都很偏僻，我负责给八路军筹集口粮时，经常需要翻山越岭、走家串户。为了存放收集起来的粮食，我们专门用石头堆了个不起眼的地方，把粮食藏在那儿。自家每天收的鸡蛋也都舍不得吃，全一起藏起来。

那会儿条件都不好，家家户户都吃不饱，我们家守着这些粮食更要自觉。有时会有伤员从前线退下来，我们就赶紧把之前收着的鸡蛋拿出来给他们吃。

跟着伤员一块来的往往还有汉奸，我们都得时刻留意着。我组织儿童团站岗放哨，一有奇怪的人出现，就赶紧把伤员从后门送走，自己在家里假装干活。汉奸问"村子里怎么样""看没看见八路军"，我们会编点假消息，给他们错误的时间、方向，把他们支开。

就这样过了几年，抗战胜利后，我还是在村里宣传党的方针政策，组织大家唱革命歌曲。

子辈讲述

▼ 母亲时刻叮嘱，为官守住清廉

我叫于广云，是张成凤的儿子，在6个兄弟姐妹中排行老五，今年已经55岁了。我从1998年起开始在清水镇洪水口村担任村委会书记。

我母亲对我的影响是从点滴小事上渗透的。她很少谈自己做的事，多数是强调别人付出了多少，别人做了什么事情。对于她个人，我印象最深的就是她成宿成宿地纳鞋底，一想到她那瘦小的身子在夜里凑着光纳鞋底，为了收集军鞋、军装奔波来奔波去，就很感动。

1998年，我要当村支书前，母亲叮嘱我最多的就是一定"要当个把村民放在心上的父母官，当官就不要想着挣钱"。母亲不太会表达，但这句实实在在的嘱咐我一直不敢忘记。当村支书，不是想着自己挣钱，而是想把整个村的情况搞好，让全村人都富裕起来。

家风的传承——我们家鲜为人知的抗战故事

现在，我们村的发展势头很好，2008年被评为"北京最美乡村"之一，2014年得到了"全国最美休闲乡村"称号，村里人均收入是我刚当村支书那年的10多倍。

我们村有163户、316口人，虽然不是特别大，但管起来也并不容易。母亲时刻在我边上"敲打"我，提醒我，我也对做好工作很有信心。看着她能在我们村最有特色的风情街里安安稳稳晒太阳、看人下棋，我觉得对于母亲而言，我发展好整个村子就是对她的一种孝顺。

今后这几年，我还要继续发展我们村的旅游特色，让每家每户都住上独立小楼，人均收入再翻番。

孙辈讲述

▼ 奶奶伴随成长，教我做好本职

我叫于静，是张成凤的孙女，今年30岁了，目前在门头沟清水镇文化服务中心工作。

小时候，是奶奶一手把我带大的，那时候她还挺喜欢跟我们说说过去的事情，我一不听话，她就会开玩笑吓唬我，"让日本鬼子把你给带走"，我一听这话就会乖一些。这几年，奶奶年纪大了，不那么爱讲当年的故事给我听了，但我仍然能想象出当年的场景——她给伤员煎药、做饭，和敌人做斗争。有时候我也会想，那时候还不到20岁的奶奶怎么会那么勇敢，如果换了我，能不能做到这些呢？

但其实仅仅通过她的讲述和一些书上、影视剧中的描写，我对抗战过程还是没有特别立体的感受。最近，我因为工作关系，接触到了一些门头沟区其他有抗战经历的老人。他们中有的人上战场与敌人厮杀过，有的人做过大量的配合工作。

听到他们亲口说起自己的经历，我感觉那段历史更加鲜活了。令我感触最大的就是，这些老人真的十分艰苦朴素，有的人现在还在自食其力地养蜂，这种精神是现在我们这些年轻人特别缺少的。

平日里，我的工作和生活都比较平淡，但奶奶一直叮嘱我，要干好本职工作，工作不要被家里个人琐事所累，做自己力所能及的事情。在这些方面，奶奶是我的目标和榜样，我会把从她身上学到的东西落实在自己身上，今后也会向我的孩子传递下去。

抗战魂，家风传

感受抗战历史，缅怀抗战先烈。

中科通讯服份有限公司 戴航　　2015.8.4

保持警惕，不让历史重演。

中铁六局集团有限公司　王倩　　2015.8.4

我爱和平，别有战争。

北京市五路通小学一年级 戴炜宸 2015.8.4

家风的传承——我们家鲜为人知的抗战故事

九死一生战士赵国荣家的抗战故事

文／陈荞　图／赵思衡

老兵档案

姓名：赵国荣
年龄：91岁
住址：北京市房山区良乡西路

老兵讲述

▼ 16岁入党，发展地下组织

我叫赵国荣，1924年7月出生于北京市房山区大安山乡。

1938年，平西房山地区就已经有党的组

织了。那时候我才14岁，也跟着村里的人加入了农会，党以农会的名义开展工作，主要做一些党组织的初建工作。

农会党支部书记、主任叫王文翰。1940年7月1日，王文翰介绍我加入了中国共产党，我同时担任青年救国会主任和锄奸组长。

这段时间，正是日军对平西地区大"扫荡"的时候，日军实行"三光"政策——烧光、杀光、抢光，日军在大安山也设置了据点。

为保存实力，我们的工作基本转入了地下，主要就是发展党的组织，组织实行保长、甲长制，100户一个保长，十几户一个甲长。谁要是干坏事，给日军送信、当汉奸，锄奸组就有权处置他。

那会儿的生存环境特别残酷恶劣，很多同志都牺牲了。区里是杨怀清同志在做组织工作，他是区委副书记，他的两个小舅子就被日军杀害了。

杨怀清的儿子也被伪警察所带走，伪警察逼他说出一些情报，他不说，就把他扔到了井里，后来被救了出来。

我们村里的张文胜，在山上干活，看到日本兵过来，他就跑，被日本兵给打死了。除了张文胜，还有两个村民，也都被打死了。

这种地下工作的状态一直持续到1945年日本投降以后。

▼ 为战友报仇，获得望远镜

在做地下工作期间，发生了一件让我终生难忘的事。

1944年3月初，当时县里的公安科长王在田，也是共产党员。王在田和于振边带着手枪队的十几个人，

记者手记： 难忘牺牲战友，数度哽咽

1953年，赵国荣转业到房山区良乡公安局工作，先后担任良乡公安局副局长、局长等职务。

也许是工作性质的原因，老人谈话慢而谨慎。他随身携带的布兜里，用档案袋装着一些资料和照片，兜里还装着一个小小的如名片夹的小本子，上面记录着亲戚儿女和朋友的电话。

在述及过去每一个细节时，老人尤其念念不忘当年与自己并肩作战的战友。他讲自己的事少，更多的时间是在讲述自己亲眼见到、听到、知道的那些战友，是怎么牺牲的。

每一个牺牲的战友，老人都牢牢记着他们的名字。尽管老人已经91岁高龄，但老人仍不厌其烦地向记者详细讲述那些战友的故事。

提及那些名字时，赵国荣数度哽咽："他们是真正的英雄。他们应该有一个烈士的称号。"

老人感叹自己的生活比过去不知道强了多少倍，现在的生活来之不易，真正是用鲜血换来的。

家风的传承——我们家鲜为人知的抗战故事

赵国荣所获望远镜的照片

到我家找我,把所有的机密文件都给我留下来,让我保存起来,还给我留下一把枪。

他和于振边准备带着手枪队去打伏击,除掉日伪军一个小队的队长,这个小队长在大安山有杀人的罪行。

这一去凶多吉少。王在田和于振边在黑龙观附近埋伏好,日伪军来了,但实际上不是那个队长,是兵,他们不知道,也开枪了。

双方交战,手枪队牺牲一个队员,老乡们在附近山上就地把他埋了。队员们撤走后,夜里忤在中山(音)地区,天亮时日军把这里包围了。于振边和另外3个战友都牺牲了,还有人身受重伤。整个手枪队没剩下几个人。那时候牺牲的战友还有很多,他们是真正的英雄,他们应该有一个烈士的名分。(哽咽)

平西地区共产党的一个团决定把这片地区的日伪军据点给端掉,日伪军们就跑到了红煤厂附近。

1944年3月10日,我记得特别清楚,我跟着民兵组织一起去红煤厂攻打日军,我们缴获了一个望远镜。大家开会庆祝时,民兵队长刘勇进说:"把这个望远镜给小赵吧。"那时,我岁数最小,所以队长很照顾我。

一直到现在,这个望远镜都被我当宝贝保存着,从来没离过我的身。去年房山区档案局办跟抗日有关的展览,我很舍不得把它拿出来,不过后来还是借给档案局一个多月,来看展览的小孩们都很爱看。现在的生活不知比那时候好多少倍,真是用鲜血换来的好日子。

北平抗战实录

这些年的经历一言难尽，
对当年牺牲的战友，我一直念念不忘。

子辈讲述

▼ 国家为重，廉洁奉公

我叫赵永进，我们家有3个兄弟姐妹，一个在公安部门工作，一个在财政局工作，我在农业银行工作。平常老爷子没少教育我们，我们也从老爷子那儿学到了很多东西。

从小到大，老爷子总是教育我们要以国家为重，教我们做人的道理，要我们珍惜现在的生活。"文化大革命"期间他受批判，但对党的信念自始至终都非常坚定，没有任何怨言。

到我们都参加工作了，他对我们的嘱咐就更多了，总是提醒我们要廉洁。

我的工作出差比较多，每次出差前去看老爷子，他总是再三叮嘱："现金不能要，土特产品不能要，一定要廉正。"

他也经常跟我们提起他那些牺牲的战友，要我们不要忘记过去。

现在我的孩子也大了，孩子也爱听老人讲那些故事，每次听完都很受感动，后来他还帮忙把爷爷过去的一些文件材料进行了整理，有事没事就翻翻，从中可以学到很多。

抗战魂，家风传

忘记过去就意味着背叛。

中国建筑科学研究院 李七 2015.8.4

铭记历史，落后就要挨打；
把握现在，发展才是硬道理。

民航局审计中心 王苏莉 2015.8.4

我爱中国，我爱和平。
北京市西城区育翔小学二(8)班李沐泽 2015.8.4

第三篇章

百折不挠
坚强不屈

儿童英雄侦察兵李志信家的抗战故事

文／瞿烜　图／王海欣

老兵档案

姓名：李志信
年龄：82 岁
住址：北京市东城区庆平胡同

老兵讲述

▼ 二爷牺牲后，我加入八路

我叫李志信，北京顺义区人，1933 年出生，今年 82 岁了。当年，我的二爷是国民党一名师长，我从小跟在他身边。1942 年，在南苑与日军正面作战失败后，他带着我和部队一起转移到固安，可是敌人随后包围了我和二爷所在的部队。部队经过激烈的战斗突围出去，可是发现我被丢在了战区，于是二爷又杀回来，让部下把我救了出去，结果他却牺牲了。

此后，我跟着二爷的部下，一起加入到了聂荣臻的部队。聂荣臻还亲自把我领到司令部，告诉我他非常钦佩我的二爷，并收留了我。当年我虽然很小，只有9岁，但打心里非常痛恨日本鬼子。后来司令部安排我做通讯员，其实就是在城区打探敌人的情报。

▼ 巧计入敌营，密报司令部

我记得很清楚，当时司令部的领导告诉我，我年龄小，也没有共产党员的身份，只要自己小心，就不会被敌人怀疑。

刚来到城区，我就打听到在地坛附近住着一个日本将军，将军家里还有一个跟我差不多大的小孩。我就常去那里，观察那个小孩的喜好，慢慢和他玩在了一起。我那时和日本孩子玩的时间长了，也学会了一些日语。后来，我还带着他去天桥看艺人表演，逐渐让日本兵对我放松了警惕。在那个日本小孩的"掩护"下，我逐步深入到了日军的禁区，观察敌人的运粮线路和储存地点，及时上报给了司令部。让司令部通过敌人粮草的运输和安排，判断敌人的战斗部署。

▼ 机枪狂扫射，战友舍命救

当年，我们的武器比日本差太多，只能用战术致胜。最常用的就是口袋战——把敌人引诱到我们的包围圈再集中消灭。

我11岁那年，作为二营五连的侦察员参加了怀柔县一次遭遇战。虽然我们部队占据有利地势，但我还是受伤了。当时我正准备从一个掩体转移到另一个掩体，在半路被敌人发现，敌人用机枪扫射，顿时我倒地不起。当时虽然不觉得疼，但一条腿动弹不得。班长看到我的危险状况，连忙带着战友从掩体出来，冒死反冲锋，把我拉回掩体。

后来，虽然参加的战斗多了，但如果在安静的状况下突然听到枪响，我还是会紧张。

家风的传承——我们家鲜为人知的抗战故事

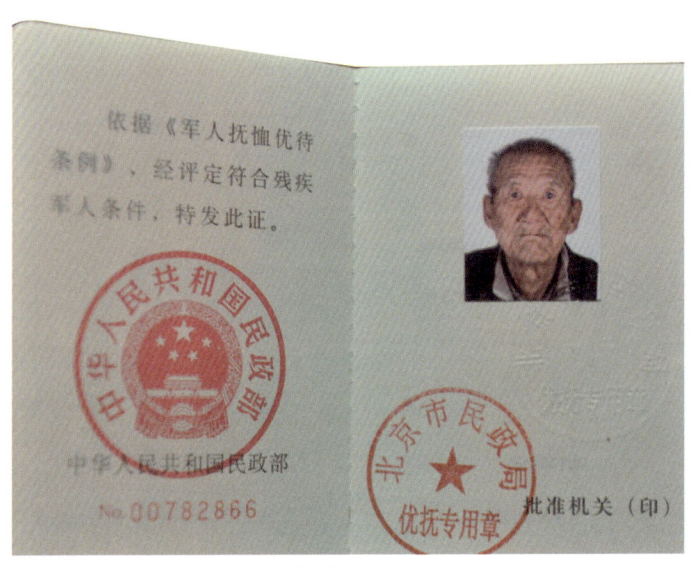

李志信的残疾军人证

▼ 亲历大屠杀，憎恨侵略者

在我的抗日战斗中，记忆最深刻的不是杀敌立功，而是日军的大屠杀。至今我仍然非常憎恨日本侵略者，不会原谅他们犯下的罪行。

在一个叫潘家峪村的地方，当时我们的部队在那里停留，后来鬼子发现了我们，双方很快交起火来。为了减少损失，我们边撤退边抵抗，虽然逃出来一些人，但被日军抓住的士兵和村民全部被机枪扫射致死。日军杀了人不算完，后来还把村子全部烧掉。

后来统计，那次遇难的一共有1200多人，其中还包括不少妇女、孩子。亲身经历这个事以后，我对残忍的日军非常痛恨。

子辈讲述

▼ 自立自强，意志坚韧

我叫李太山，虽然平时与父亲沟通不多，但对他抗日的经历非常钦佩。

可能是因为我年龄小，父亲比较少跟我提起他当年抗战的事情，但他做人非常有毅力，能吃苦，这是我们这代人身上缺少的东西。

我的父亲有3个儿子，大儿子在唐山地震中去世，二儿子前几年脑溢血也去世了，而我也患有肾病综合症，面对这些苦难，我的父亲没有被击垮。他一直相信我会彻底痊愈，并陪着我治病。

我的爸爸非常正直，他没有因为家中的困难去向别人求助，始终靠自己的劳动养活整个家庭。前几年他已经半身不遂，但凭借顽强的毅力，现在他不仅能生活自理，还总是照顾着家里的其他成员。

他们这一代老兵自立、自信、自强的精神，真的值得我们学习。

孙辈讲述

▼ 永不服输，终身学习

我叫李正，是李志信的孙子。我对我爷爷的印象是意志坚强、不服输。我一有机会就喜欢听爷爷讲抗战的故事。虽然战争导致他负伤，但他从来没有向国家图回报的心态。他常跟我说，要感恩、知足，现在的生活就是幸福的生活，要爱我们的祖国。

在爷爷的教导下，我顺利完成了大学学业，并选择做了村官。因为我生在农村，长在农村，我想我也懂农村，愿意为农村做贡献。因此，毕业后我就到海淀上官镇李家坟村做主任助理，期间跟着大家做人口普查、经济普查工作，还跟着综治办为文明村庄建设丈量土地。可以说，我走过李家坟村的每一寸土地。

3年的村官生活，让我更了解我们国家的基层，后来我被分配到农商行，也是从柜员做起，现在被提升为会计主管。

在我的职业生涯中，始终受到爷爷的影响。他今年都82岁了，但还是提出要我教他学电脑，他想把自己的经历通过电脑记录下来，我非常感动。由于爷爷手抖，学电脑的心愿没有完成，但他活到老、学到老的精神，让我在自己的工作中受益匪浅。

抗战魂，薪火传

我发誓不把日本鬼打回日本去
誓①死决不罢休。

李志信

2015年6月30日

一生为党，终生为国。

李太山

2015.6.30

铭记历史 珍爱和平
向所有革命先辈致敬

李正

2015年6月

---

① 应为"誓"。——编者注

拼命战士刘福银家的抗战故事

文／王晓飞　图／欧阳晓菲

> 老兵讲述

▼ 参军受教白求恩

我叫刘福银，河北望都人，1927年9月出生，今年88岁。1938年，我就参加了革命，当过儿童团团员。到1939年的时候，参加了八路军，最初在救护组担任卫生员，后来在冀

老兵档案

姓名：刘福银
年龄：88岁
住址：北京市大兴区团河苑

中军区的作战部队，历任班长、排长、连长、营长。新中国成立时，我又被调到空军北京的航校参加筹备组建工作。

1938年，我当时才11岁，因为日本侵略中国，华北地区又是重灾区，眼看着日本南下河北，老百姓此时已经没有"活路"了。当时望都县有一个儿童团，我加入了儿童团并担任了第一期的儿童团长，负责宣传抗日思想，教儿童团员们唱抗日歌曲、站岗、放哨。

1939年，在同乡的介绍下，我和一个年长我1岁的同乡结伴来到冀中军区卫生部报名参军。当时我的家望都县距离召集地40多公里，我们走了一天才走到，到了目的地已经是深夜了，但我们一点也不觉得累，就是一心想着抗日打鬼子。

那个时候，我们年龄太小了，部队不能收我们，因为行军什么的我们都跟不上。后来，我跟同乡就急哭了，又求了半天，组织才答应把我们留下，说先让我们参加卫生队的培训。

我们如愿以偿地跟随部队，从冀中转移到了冀西，参加培训班，当时学护理、学医学知识，白求恩还给我们上过几节课。

3个月的培训后，我们被分配到当时的战地医院，叫休养所，跟白求恩等外科大夫一起工作。起初，休养所的伤病员并不多，因为我年龄小，只负责照看伤病员，后来，百团大战开始了，伤病员陆续不断地送了过来。休养所驻扎在一个山沟的村子里，30户人家，都住满了伤病员，实在住不下了，就只能将门板拆了，露天搭建棚子。

那个时候条件艰苦，休养所里根本就没什么药，如果赶上重伤员需要截肢，就用老百姓锯木头用的锯子，如果伤员伤口感染，很可能就丢了性命。

▼ 誓死不出卖同志

1942年5月1日，日军发动了对冀中地区的大"扫荡"，我们医疗人员也随着伤病员化整为零被安排到老乡家中。我和指导员还有一个文化教员被分配到一个老乡家中，照看着一名伤病员。

而当时，日军隔三两天就进村巡逻，挨家挨户盘查。为此，我们装扮成老乡家中的远房亲戚。在整个冀中地区，多数部队都是这样化整为零进入老乡家，一个50户的村庄，差不多家家户户都有自己的同志在。

后来日本兵修建据点进村抓工，我和同村的大部分同志都被鬼子带到了据点。

记得第一天的时候，我就看见了原来卫生队的一名通讯员在鬼子的据点里打篮球，也不知道他是否已投敌叛变。那天我一直低着头，躲在人后，尽量不让他认出来。午饭的时候，他提着日本兵的饭盒子过来溜达，眼神一直往人堆里扫，很幸运，他没发现我。

就在那一天下午，我和文化教员看见一名卫生队的同志被投敌叛变的人揪了出来，两名鬼子按着他，对他进行抽打，问他人堆里还有没有"八路"。

"没有，我不知道。"这名战友回答得很坚决，当时我就被震撼住了。最后，两名日本兵按着这名战友往工地和好的洋灰水泥浆里按，足有1分钟的时间。敌人问他说不说，但是这名战友还是坚贞不屈，始终没透露过半个字。

当时我们被抓工的大部分人都是冒充当地老乡的同志，这名战友大部分人都认识，但他就是不说。

▼ 扔手榴弹示敌情

在工地没干几天，我就和两名战友跑了出来，去寻找大部队。期间我们在白洋淀的芦苇荡里睡了几天，几个月的时间我们走遍了整个冀中地区，最终找到了附近的县大队，我就此被编入了作战部队的二连。

刚到作战部队的时候，武器装备太差，一个连一挺机枪都没有，就只有每人手里的一杆步枪，而且还有好多老套筒、水连珠，子弹就更别说了，只有那么四五发，连长当时看我人小机灵，特意多发了一发子弹给我。

就这样，我们还是在根据地附近拔掉了很多据点，多是日伪军的，从他们那里也缴获了不少装备。渐渐地，我们的武器装备改良了，连里也有了4挺机关枪。

直到1944年，河北省各县的县大队"荣升"成主力，混编成立了晋察冀边区独立二旅。成为主力部队后，我们的装备也改善了，光是一个排就至少有两挺机枪。

经过1年在县大队的训练，我成为了一名班长。这一年的麦秋后，部队突然从山里开拔，来到了望都县附近10余公里的地方，排长让我们班到前哨地区侦察敌情。

我们奉命在两个村庄之间来回游动，白天用肉眼观察敌人的据点，晚上走几步就要跪在地上听脚步声。

有一天深夜，我们侦察班刚刚出村，我俯下腰，跪在地上，耳朵贴在地面上仔细听了一会儿，就听到"哐啷，哐啷"的声音越来越近，大概就是一两百米的距离。"坏了，这是成队的脚步声。"我对身后的战士说，而且这个声音越来越近。"有敌情！"我一边提醒我们班的战士，一边从腰间拔出手榴弹，拉开保险栓，朝着响声的地方就扔了出去，手榴弹在二三十米的地方炸开。

手榴弹一爆炸，敌人就在远处胡乱射击，我们冒着弹雨朝着主力部队的方向退去。我们的侦察任务算是完成了，因为我们这边手榴弹一爆炸，枪声一响，后方的主力部队就会知道，这边有敌情了。

▼ 首拼刺刀来杀敌

天快亮了，我们已经安全撤到了村口，这个时候整个部队已经呈"品"字形展开。就在我们刚回村时，村外的地雷就炸响了，敌人摸进了村口触动了事先埋设的地雷。

敌人也不傻，看在村口吃了亏后，就改变战术，将整个村子包围起来了。我们班接到上级的新任务，从敌人后方包抄，断掉敌人的退路。敌人看到我们从侧面绕过来，机枪、步枪开始集中射击我们，进行火力压制。

"哒、哒、哒"，"哒、哒、哒"……我们冒着枪林弹雨，猫着腰飞快地接近着敌人，到了敌人阵前，就是短兵相接，拼刺刀了。

拼刺刀和现在电视里演的一点儿都不一样，日本兵的刺刀在当时俗称"东洋刺"，将全身力气集中在一点刺出去，行不行就看这一刺，刺中了对方，你就活了，刺不中，就只有被刺。

那天，接近敌人后，我们都上了刺刀，一个鬼子首先冲到了我的面前，我双手握枪，刺刀相对，眼睛直勾勾地看着日本兵的眼睛，只见对方并没有上来刺我的意思，一直在用刺刀尖试探我，我也用刺刀尖给予回应。僵持了几个回合后，我看准时机，大喊一声"杀"，左腿向前大迈一步，同时用尽力气刺出一刀，对方猝不及防，我的刺刀正捅进日本兵的胸口上，"哇"的一声他就倒在了地上。

拔出刺刀后，又一个鬼子紧接着蹿了上来，对方用刺刀打我的刺刀，我赶紧将枪抬起来，使刺刀尖始终对着敌人。

几个回合后，一瞬间的工夫，敌人刺了过来，我急中生智，用刺刀尖往外一挑，使用尽全身力气的敌人刺歪了，身体也失去了平衡，我同时将枪一正，再次插入敌人的胸膛。

就这样两个日本兵被我刺死。

我的枪还没拔出来，一名日本指挥官挥舞着军刀向我劈来，眼看着我来不及应对，就听"噗"的一声，这个日本军官动作停顿了一下，我赶紧抽出刺刀扎向他的前胸，原来身旁的两名战友看到这个军官要挥刀砍我，从一旁过来支援。

刘福银与老伴儿

整个战斗持续了一上午，消灭了日本一个小队的兵力，再加上不少伪军。我们这场战斗当时轰动了整个冀西地区。

战斗中，我们还俘虏了两三个日本兵，他们死活不跟着我们走，我只好叫两个战士把日本兵按在地上，从老百姓家借来门板，把日本兵捆在门板上抬回了营部。

中午回到营地，老百姓庆祝我们打了胜仗，杀猪宰羊，但我都没吃，倒头就栽在床上，一觉睡了8个小时。

当时刺死两个人后，我已经用尽了浑身的力气，用战友的话说，我的脸就是"土灰色"的。战争就是这么残酷，你不拼命，死的人就是你。

子辈讲述

▼ 寒冬晨跑磨毅力

我叫刘克军，是刘福银的小儿子，1964年生人，今年51岁了。我们小时候，关于抗战的事情父亲跟我们聊的不多，但从言谈中能够感觉到当年的艰苦，他经常教育我们要珍惜眼前来之不易的生活。

我们兄弟姐妹一共 6 个，都没当过兵。但是这么多年来，经常会有人问我们是不是当过兵，因为骨子里，我们都有父亲传承下来的那种精气神儿，做事雷厉风行。

记得很小很小的时候，我们就被当作军人来教育。有一年的冬天很冷，还不到 6 点钟，父亲叫我起床去跑步，锻炼身体，我怎么也起不来，父亲就说："当年我跟小日本拼刺刀的时候，就是靠着有一个好身板，好体力，要不然不会有你们。"

父亲告诫我，将来无论做什么工作，都要有毅力，冬天早起锻炼，正是在锻炼自己的意志。

而我在日常的工作中，也一直记得父亲的这句话，无论有什么困难，自己都会坚持下来去克服。

孙辈讲述

▼ 体育教师继坚韧

我叫刘晰，今年 22 岁，是刘福银老人的孙子，刚刚毕业于长春师范大学运动训练系。从小我就喜欢听爷爷讲抗战时候的故事，每次听得都很入迷。从他给我讲述的抗战故事中，我能深刻体会到今天的幸福生活是来之不易的，所以我当时就有了一个当兵参军的梦，希望能够像爷爷那样保家卫国，洒血沙场。

我记得很清楚，爷爷讲他拼刺刀的故事，我听得是热血沸腾，从那个时候起我就暗下决心，开始锻炼身体，提高自己的身体素质。我开始参加学校的一些体育训练，在这当中我更加体会到了爷爷当年的那种坚韧的意志。比如长跑，在最初阶段往往会坚持不下来，但每当想起爷爷与敌人血战的时候，都会由心底涌出一股子精神头来，支撑着我向前继续奔跑。

日复一日的坚持，也让我拥有了体育方面的特长。在上大学填报志愿的时候，我选择了师范类学校的体育专业。爷爷他们那一代为了国家为了和平，抛头颅洒热血，到了我们这第三代，教书育人也是爷爷希望看到的。

> **抗战魂，家风传**

历史昭示未来：
让伟大的不屈不挠的中华民族爱国主义精神世世代代传下去！

刘福银 代书[1]
2015.8.4

铭记历史 振兴中华

传承抗战精神，为实现中华民族伟大复兴的中国梦而努力工作。

让伟大的抗战精神的红色基因永远流淌在中华民族的血液之中。

刘元志
2015.8.4

伟大的抗战精神是中国人民弥足珍贵的历史财富，是永远激励我们一代克服一切艰难险阻，为实现中华民族伟大复兴而奋斗的强大精神动力。

刘剑 2015.8.4

---

[1] 刘福银老人由于身体原因不便书写，此处为儿子代书。——编者注

家风的传承——我们家鲜为人知的抗战故事

除夕苦战英雄孟广志家的抗战故事

文／潘珊菊　图／赵思衡

老兵档案

姓名：孟广志
年龄：88 岁
住址：北京市平谷区夏各庄镇

老兵讲述

▼ 16 岁入伍，跟随部队南征北战

我叫孟广志，是一名革命军人，北京平谷人，1927 年 1 月出生，今年 88 岁。1944 年应征入伍加入八路军，那年我 17 岁，被分配到八路军第十三团三连当一名战士。

小时候家里很穷，我就在村里给地主打短工，后来长大了些，想要一路追随部队，却被多次拒绝。原因是嫌我个头太小，但我说什么也要跟着部队。

由于岁数小，刚去部队4个月，连队就让我去学医了。在三连这半年时间中，我在金海湖镇胡庄村打过伏击战，平常闲时，就进行战术科目训练。半年后被调入第十四分区十六团三营七连

当卫生员。在部队，我跟随军医学会行医看病，包扎处理伤口，开始了跟随大部队南征北战的戎马生涯。1954年我复员回家。

▼ 战斗中边开枪边转移伤员

对于我来说，发生在1944年密云县兵马营的那次惨烈战斗，令我终生难忘。

1944年8月的一天，我所在的十六团三营七连接到团长李明希的命令，阻击一股偷袭兵马营的日军，不惜一切代价，务必坚持到天亮。

在夜幕笼罩下，日军步入我军伏击圈，地雷、手榴弹在伏击圈内炸响，地形不熟的敌军惊慌失措，阵脚大乱，匆忙组织反击，经过激烈的战斗，敌军始终没有攻进村庄。

东方渐渐发白，日军重新组织围攻山头，他们凭借先进的武器装备将顽强的七连打散，我们那时被围困在一个小山坡上两天两夜。

那时，连长带头让我们往山下一路冲锋，我们彻底豁出去了，反正围着也是死，只要不"摘帽"（掉脑袋）就行。

七连130名战士顽强抵抗，且战且退，最后，这支队伍只剩下30余人。当时配发的武器装备都是普通的七九式步枪，那时还没有"小钢炮"。

那次战斗中，一个年仅16岁姓张的小战士，刚刚将手榴弹举过头顶，敌人的迫击炮弹就将他的腹部击穿，可他拖着流出体外的肠子坚持把手榴弹投了出去。当时我立即冲上前去拿绷带给小战士包扎，并一路把小战士抬下山来。这时，全连仅

剩25人，其中有一小部分还是伤员。

"广志，投入战斗！"穿梭在战场上的我突然接到连长扔过来的一把手枪。接过手枪后，我马上一边射击，一边背起轻伤员转移，把伤员掩护到安全地带进行救治。最后6名伤员保住了生命，我们也在那时找到了突破口，向包围圈突击。

"轰"的一声，敌人的迫击炮弹落了下来，弹片将我的腹部击穿，我一头栽倒在地上。这时，敌人突然放弃追击，掉头向西集结，原来是增援部队到了。

此时，全连仅剩21名战士，我被战友们送到了地方医院救治。据战场统计，这场战役，敌军200余人被我军全部歼灭，七连被上级授予"顽强守卫兵马营"的称号，获得了一面荣誉锦旗。

我病情痊愈后，被整编到十六团新七连，继续投入抗日作战，先后参加了攻打天津武清、下武旗、胡庄等大小战斗100余次，负重伤1次，轻伤1次。

▼ 兜揣除夕饺子，苦战三昼夜

当兵时期的我，最切身的感受就是老百姓给予我们很大的支持，并与我们并肩战斗，全力支援前线。在一次守卫古北口的战役中，全旅只有两个主力团，那天正是大年三十晚上，我们在一起包饺子，饺子还没来得及吃就开始了战斗。我们把饺子装在兜里，经过三天三夜的苦战，最终给敌人以重大打击。

在这三天三夜里，我们靠着老百姓给的白薯干撑到了最后。另外，为抢救伤员，古北口全镇木匠一夜钉好600多副担架，赶赴前线，为我们做支援。古北口车站铁路工人组织平道车，昼夜不停地运送伤员。

在多年战争中，我的手腕被枪击中，肚子被炮弹炸伤。

新中国成立后，我去了第四高级步校学习军事，朝鲜战争爆发又被调入中央六三医院三所当护士长，在这两年中我主要的任务就是在河南接收志愿军伤员，再运送到海南岛救治。

1954年，我复员回家，先后在当地卫生院韩庄医院当院长，之后自己开了一个诊所。如今我已年迈，关了诊所在家休养。

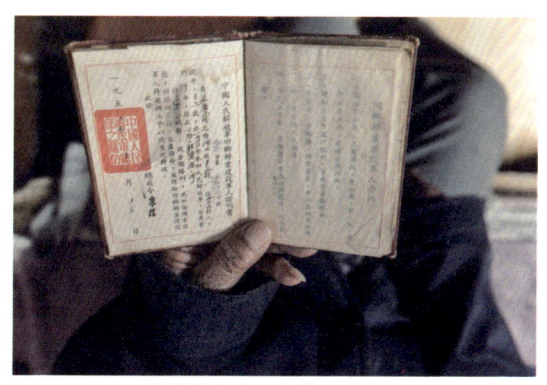

孟广志的回乡转业证明

> 子辈讲述

▼ 不屈不挠，雷厉风行

我叫孟召旺，是孟广志的大儿子，1956年出生，今年快60岁了。我小时候在村里，父亲就经常在聊天过程中提到当兵打仗的故事，说得挺带劲儿的。他那时从东北、江南、海口一路打过去，在我看来有勇有谋，他私底下老跟我们说："能活着回来也是一种福气。"

我父亲平常为人挺好的，就是脾气有时候比较暴躁。但了解他的人都知道，老爷子是刀子嘴豆腐心，当下发发脾气，事后跟什么事都没发生似的。

从小父亲就教育我们要做正直的人。1977年，作为家中长子的我高中毕业主动报名参军，家里人都非常支持。从那以后，我开始了4年的军旅生涯，1980年复员。那时我在兰州军区当空军地勤抄报员，天天头戴耳机、手拿铅笔负责抄电报。

真的是不到部队不知道怎么回事，到了部队才知道那里确实锻炼人。我认为，纪律严明的作风，有序的作休时间，培养出了军人雷厉风行的品性。父亲当兵那会儿比我当兵的时候可苦多了，在生死面前，他们更加不屈不挠。在部队里我先在连队待了两年，之后调动了工作，又到伙房帮厨一年，最后一年又回到连队了，在那里结束了4年当兵之旅。

当兵回来后隔了一年我娶了媳妇，后来生了一个儿子，那时正赶上计划生育政策出台的尾巴，身为一名共产党员，为了响应党的号召，我自己坚持只生了一胎。儿子今年30多岁，在北京市内开出租车。家里人受父亲军人气概的感染，待人接物都比较有素养。

父亲共当了10年兵，在部队做卫生员的他，回来始终秉承救死扶伤的精神，继续在村里从医，是典型的赤脚医生。如今年龄大了就干不了了，但他身体还算硬朗，喜欢自己动手干活，有时吃饭非得要自己吃，非常独立。

家风的传承——我们家鲜为人知的抗战故事

> 孙辈讲述

▼ 正直顽强，坚毅果敢

我叫孟宪军，1982年生，今年33岁，是孟广志的孙子。

小时候爷爷给我讲过他当年的故事，印象最深的就是顽强守卫密云县兵马营一战。那时他腹部受重伤，最终经过抢救活过来了，我听了觉得十分惊险。现在爷爷身上还能看到他当年受伤留下的疤痕，除此之外，他手上也有伤，现在都能看到伤痕。

我是一名出租车司机，干这行已经有10年。

我孩子今年4岁了，平常父亲和我也会给他讲爷爷当年的故事。以后我自己的孩子想当兵的话我也会支持。

对于老一辈当兵的事情，我听爷爷聊过，看到爷爷房间里摆放着各种奖章和老照片，我觉得特别光荣。

我从小就在村里上学，长大点也一直在平谷区。我身边的同龄人也有很多开出租车的，现在这一行竞争压力大，也不太好做，时间久了也想考虑转行，出去做点小生意，多开拓下自己的眼界。

同时，我也会把父辈们传承下来的诚恳老实的品质继续发扬下去，并教育自己的孩子也做一个正直的人。

孟广志（前排左二）与儿子等的合影

抗战魂，薪火传

青春无悔
　　　　盛广志

富国强兵
　　　　孟召旺

向爷爷致敬
　　　　孟宪军

夜行百里壮士王如明家的抗战故事

文/孙乾 图/潘之望

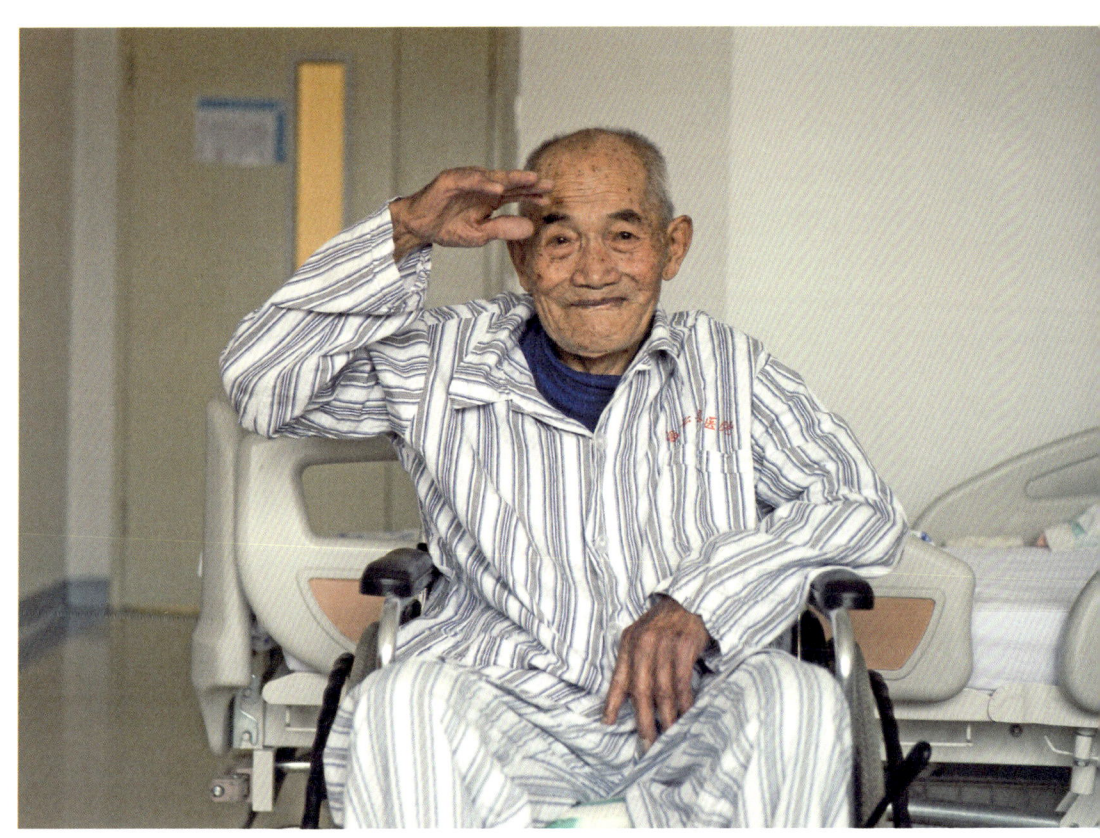

老兵讲述

▼ 勇猛杀敌，光荣负伤

我1940年参军。

那年，冀热察挺进军第十团（称为"老十团"）进密云，团长是白乙化。他在云蒙山一

老兵档案

姓名：王如明
年龄：98岁
住址：北京市密云县果园西里社区

带创建了丰滦密抗日根据地，狠狠打击日本鬼子。1941年初，白乙化牺牲后全线封锁消息，因为那时白乙化在华北三省一带名气很大，人称"小白龙"。

那时的我就在老十团参加八路军，是一连一排一班的。1941年，由于我在连队表现很不错，就当上了副连长。

就在1941年的某天，我们接到命令，从河北省张家口去赤峰围剿鬼子。老十团整团从张家口出兵，夜里行军100多里地，到达赤峰城是夜里10点半左右。原来驻在赤峰城外的八路军有一个营的兵力，加上我们的一个团，就把被日本鬼子侵占的赤峰城给包围了。

10点半到了那里就开打，我们连接到命令，要想办法进城。连长命我带领150人的连队绕到城后攀城墙进城。

我们了解赤峰城的地形，城后有座小山，我们要顺着山爬下去，接近城墙根，然后搭梯子上城墙。

我们连冲在最前面，我作为副连长也带领兄弟们冲在最前面，可是当我们搭好梯子往上爬的时候，就被敌人发现了。

用"枪林弹雨"来形容当时的战事一点都不夸张，敌人火力很猛，机枪连扫还带迫击炮打击，我们10几个弟兄当场就被打死了。而我，子弹从我的右肩膀锁骨附近打进去，从肩膀后面穿出来，也挂伤了。

我心想，不能再这样硬攻了，要不然有多少兵力都得搁在这儿。就命令回撤。

可是，因为还需要爬过这座山才能撤回去，这时候敌人已经将这座山封锁了。我们顶着枪林弹雨爬着山，火力大的时候猫在山腰上不敢动弹。不知什么时候，一个炮弹把我震迷糊了。

等我清醒了，天已经大亮。通讯员问我，现在该怎么办。我说，不能再打了，要打也得等到夜里。看看有窑洞没有，先钻窑洞！

山上确实有敌人挖的窑洞，我们连除了牺牲的10多人之外的100多人，全部钻进了窑洞。

我穿着四五件衣服，进了窑洞才发觉血从衣服往外流，湿了一大片，这才反应过来伤得也不轻。有医护兵给我把衣服剪开，上了药。我们就在窑洞里面趴了整整一天，到了夜里才敢出来。

我和另外一名负伤的战友下了山就一起被送往卫生院，这名战友一半屁股被炸没了，我们走到半路，他就死了。（泣不成声）

到了第二天天亮，赤峰城被打下了。

想想那会儿，我们为了赶走日本侵略者，怎么难怎么险都不怕，死都不带怕的。

▼ 麦地拼刺刀，大胜敌人

受伤休息了一年，1943 年我又回部队了，继续打仗。那一年，敌人挺疯狂，到处祸害老百姓。

有一天，我们接到侦察员消息，有七八百日本鬼子去讨伐十三陵，实行"三光"。我们接到命令，要对敌人进行伏击，打埋伏战，而且要求这一仗一定得打好。

接到信儿后，我们就在敌人必经之路的大山上埋伏起来，从夜里 12 点就在大山后面趴着。可是那天晚上，敌人没来，第二天敌人还没有来。第三天，我们在十三陵的一个村子驻着，侦察员来报信儿说，敌人来了！团里连集结号都没敢吹，派通讯员挨着去下紧急通知。

那是一场不小的仗。看敌人一进了包围圈，我们就把敌人后面给堵住了，一吹冲锋号，敌人才发现四面山头都不对，有埋伏！这时，我们一个团从四面山上冲下来，我记得很清楚，那时候地里刚割了麦子，我们就在麦子地里拿刺刀跟敌人拼。

我差一点被敌人给挑了，我心想，这可了不得，还得保留生命杀更多鬼子呢，敌人也太疯狂了，我们十几个弟兄就合起伙来跟敌人拼。

敌人七八百人有绝大多数都被我们消灭或俘虏，剩下将近 100 人逃出包围圈逃跑了。

就这样，打了整整一天，我们打了大胜仗。我清楚地记得，到晚上开始打扫战场，缴获步枪 57 支，机枪 3 支，还有两个迫击炮。我们一边打扫战场，一边说着，这场仗打得可不容易，埋伏 3 个晚上才打着。不过捡着枪一看，都乐坏了，这枪可真好，都是新枪。虽然后来缴获的新枪都上交了团里，我们一支也没捞着，但是还是由衷高兴。

打扫完战场，饭也没顾上吃，就又一溜烟儿跑到河防口继续阻击逃跑的敌人。

最终我们还俘虏了很多敌人，当时因为优待俘虏，还得给他们好的吃。老百姓可高兴了，因为八路军打了胜仗，杀死了小日本替大家报仇，就宰了好多头猪慰劳我们，连着俘虏都跟着吃上肉了！那会儿平时哪有肉吃啊，大家高兴得不得了，也觉得和老百姓的关系很亲密。

▼ 英勇不屈，心地善良

现在回想起来，那会儿正当年，一宿能走100多里，打仗时从不怕死，更没觉得苦。

后来从部队里退下来，有的老战友还开玩笑说，老王，你在部队打了那么多仗，就挂伤一回，我们才打一回就负伤这么严重。

我觉得，当时我就豁得出去，因为想赶走日本人，想替老百姓报仇。打仗的时候，我从来不贪生怕死畏手畏脚。我经常告诉自己，别怕死，怕死的反而先死。

还有一个感悟就是，人得办好事，别办坏事，心眼儿好，老天都保佑。就是当年负伤住在医院，我也不像一些居功的战士那样对护士态度很差，我待人和蔼，出院的时候，医生护士都送我。

`子辈讲述`

▼ 崇军尚武，以和为贵

我叫王继宾，是王如明的二儿子，今年60岁。1964年，我父亲身体不好，就提前病退了，我们一家从山西回到北京。那时家里穷，只有两间小破房子，我的大哥王继奎比我大5岁，就不上学了，在家里参加集体劳动挣公分。

老爷子总给我们讲以前行军打仗时期的艰苦，死里逃生的不易，潜移默化地教导我们，当下的生活即使困难也是幸福的，要学会知足感恩。他的这种心态，也传递到了我们儿女身上。

1974年底，我高中毕业，18岁。因为潜移默化地受到了我爸当年打仗经历的影响，就想去当兵。那时候，我特别喜欢打仗，也想上战场，看电影看到大部队行军时，我就热血沸腾，特别想加入到部队的行列。

高中毕业那年我终于实现了当兵的梦想，去了浙江东海舰队中山基地，当了3年海军。那时，我主要是在海岛上，是信号兵。

可是真正到了部队才发现，和平年代的部队和战争时期的部队完全不是一个概念。我特别想走个一万里两万里的，可是没有，我内心里对行军打仗非常渴望。

老爷子有很多闪光的品质，比如跟邻里都很和善，就跟现在倡导的"和为上"一样。我们印象中，谁家有矛盾的时候，都是老爷子去调解。同龄人找老爷子去调解，

家风的传承——我们家鲜为人知的抗战故事

奇怪的是，年轻人也愿意找他来调解。我爸这人说话公道正义，跟每个人都能友好相处。

如果用"品德高尚"来形容我爸，一点都不为过。他办事想问题都特别的厚道，先人后己，印象当中也没有过跟别人翻脸的情况。

自己走上社会后，看到的人和事情越来越多，才更加发现，老爷子的这种品行非常难得。他心态好，身体也就越来越健康。

孙辈讲述

▼ 永不言弃，与人为善

我叫王立华，是王如明的孙女，今年39岁，做电器销售工作。

小时候，对爷爷的几件老物件印象很深刻。一个是爷爷当年行军打仗时打包裹的带子，一个是军用老水壶，特别是还有一个钢勺。

听爷爷说，他们曾从日军那里缴获一套吃饭的家什儿，饭盒、水壶、筷子、叉子全都有，那些几次搬家都找不到了，但是这个钢勺他一直留着，现在也总是拿这个吃饭。爷爷以前给我们讲过钢勺的故事，那是1942年爷爷抗日负伤的时候，医院的护士照顾他时拿这个钢勺给他喂饭，对这事爷爷心存感恩，一直都舍不得扔。

这个钢勺都可以作为传家之宝了，它代表着像我爷爷这样的老革命，爱国、坚持、感恩的精神。

我在出嫁之前，都跟爷爷奶奶住在一起。爷爷身上的优秀品质对我的影响很深。小时候吃饭掉一粒米都必须得捡起来吃掉，爷爷会说，当年行军打仗的时候，别说是米，连米汤都见不着，如今日子

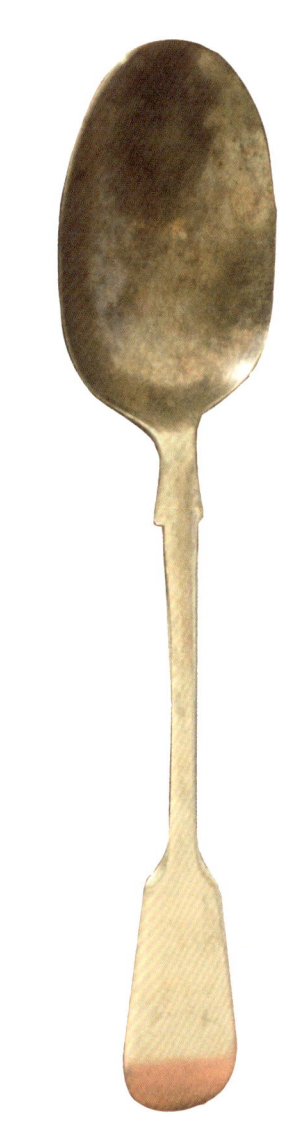

王如明抗战时期用过的钢勺

王如明（前排中间）与儿子等的合影

好了，怎么能这么浪费粮食呢？

　　爷爷身上还有特别坚韧的品质，到现在也是，做一件事情，认准了就特别坚持，就像他给我们讲当年埋伏3天才打着敌人的事情，凡事教导我们要耐心，要坚韧，要敢啃"硬骨头"。

　　这一点，我和我儿子都学到了。我儿子今年15岁上高中，高中的课程很难，年级中竞争很激烈。我就跟儿子说，你得向你太姥爷学习，遇到困难的时候要坚韧，不能放弃，要敢于啃硬骨头。太姥爷的故事，我儿子最喜欢听了，特别是行军打仗的事情，所以，我的说法对他很有启发。现在，他考试能在全年级排在100名以内。

　　我的工作很平淡，但是我要求自己干好本职工作，工作不为家里个人琐事所累，做自己力所能及的事情。

　　我从爷爷身上学到的最受用的一点品质是，与人为善。爷爷比较热心，又讲求公道正义，与邻里关系一向很好，在邻里间说话也很有威信。

　　家人都说我的脾气随我爷爷，在为人处世方面，我无论在工作还是生活中，跟每个人相处都挺好的，对别人有包容心，才能赢得对方的信任。我会把爷爷的精神在我身上、我儿子身上继续发扬下去。

抗战魂，家风传

革命精神要代代传承，发扬艰苦奋斗、不畏艰难①的精神，为中国在社义尽一份绵薄之力。

靖安林 罗翔

看了这篇文章，我觉得人人都要有一颗感恩的心，正是有革命前辈的牺牲付出才有了我们今天安定的生活。值此世界反法西斯战争胜利70周年之际，向你们致以最诚挚的感谢！谢谢你们！

靖安商会 唐劲菁

看了王老先生的故事，心中感慨万分。我们今日的美好生活，全都是革命先烈用血肉换来的也许，大街上一位平凡的老人，就曾是一位八路军战士，让我们向他们致敬！

北京八中 罗楚之

---

① 应为"艰"。——编者注

"仅存的"特务连战士杨润田家的抗战故事

文／潘珊菊　图／赵思衡

老兵档案

姓名：杨润田
年龄：92 岁
住址：北京市平谷区夏各庄镇

老兵讲述

▼ 亲历暴行，立志参军

　　我叫杨润田，北京平谷人，1923 年 2 月 2 日出生，今年 92 岁。1944 年，我参加八路军，成为十三团分区特务连战士。整个抗战中，参加大小战斗无数，一路奔南打。那时我们连队有 172 人,我是当时连里最小的一名战士。

我对日寇仇恨的种子从小就深深埋在了心灵里。1943 年 12 月 22 日,我清楚记得那是农历腊月廿八,日伪军怀疑通讯线路被安固村民破坏,气急败坏地来到村里,把 200 余村民赶到老爷庙。当时我们都非常愤怒和恐惧,我清晰记得,日伪军手持刺刀逼着所有人把衣服脱光,不脱就用刺刀挑。

不仅如此,他们还命令警备队从井里打水往村民身上泼,连续泼了 8 小时之久。那会正是数九寒天,泼到地上的水都结成了厚厚的冰,村民们身体受不了如此的折磨,有 2 人当场冻死,50 多人昏死过去。那时就在人群当中的我庆幸活了下来,当晚敌人走后,我光着身子回到家中,这股仇恨使我萌生了加入八路军打鬼子的念头。

▼ 参军后加入特务连

1944 年 2 月,我悄悄地投奔了八路军,成为时任团长舒行、政委李子光率领的十三团分区特务连的战士,开始了我的军旅生涯。1944 年,我们从驻地峪口转战河北省香河,经过激战,部队攻下香河县城,后参加平三蓟地区抗击日寇战斗。

我这辈子打的仗很多,一接到首长命令,我们就一路奔南打,三天两头打,从香河镇开始,沿着蓟县、宝坻镇打,最后把香河县城攻下了。这是我们连正式接管负责攻打的 3 个县,还有其他县城是和别的部队共同打的。

我们特务连当时在部队担任着重要角色,相当于现在的侦察连,接到任务后必须冲锋陷阵,主要负责在战争期间打前站。因此我们配发的武器在当时也是很"横"的,整个连队有 3 架重机枪,8 把"歪把子",步枪人手一把。

▼ 额头至今留有弹痕

我在一次战役中额头不幸被敌人的炮弹打中,其实一开始我并不知道自己已经受伤,只是觉得好困,也不觉得疼。当时我已经担任连里的战斗组组长,我身边一个战友跟我说:"组长,你脸上挂花了。"我说:"没有啊,只是困了而已。"他说:"你擦擦你的眼睛。"我这时一抹眼睛,手上都是血,眼睛已经被血给蒙上了一层。

之后,战友把我送去救治。如今我的额头中间位置仍能够看到有个凹进去的小坑洞。

▼ 最后仅剩我一人

在我们那个年代，虽然大家年纪都小，但是没有一个怕死的，战友们都勇敢往前冲。在侦察打前站时，我们会先在敌人附近埋伏好了，然后派一个枪法好的战友充当射手，击中敌人要害位置，打一枪敌人就不敢露头了，其他人再紧跟上前攻下敌人的碉堡。

同时，我们还会埋地雷，敌人踩到雷区立马没命。我记得当年打香河、保定和西集的时候，单领队就有 80 多个，身上装备有快火炮、钢盔、刺刀和背包。

我入伍那年连队有 172 人，最后我们那一批就只剩下我一人幸存，其他人都相继牺牲了。后来接二连三会有新的战友从底下连队里补充到队伍中，但是老同志比较有经验，一听"嗖嗖"的炮音就知道敌人来了。过去说，"新兵怕炮，老兵怕号"。老兵听到号令的任务都得上，明知道去了会死也要去，我们经常是打了三天三夜都没停下来。

记得 1945 年，北辛庄战斗异常激烈，我和二班长负责投弹，我们接过战友送上的打开保险的手榴弹，一手两只，猛烈投向日军阵地，这一仗消灭日军 20 多名，警备队全部反正。

抗战胜利前的夏天，我们部队负责攻打伪军团部时，遇到顽强抵抗。当敌军逃至黄河边时，恰逢河水暴涨，我军追到，迫使敌军全部缴械投降。

胜利后，战友们高兴得欢歌笑语，一群人抱在一起唱歌、跳舞，甚至有战友兴奋得在地上滚来滚去，激动的心情溢于言表。

子辈讲述

▼ 为人耿直，乐于助人

我叫杨金英，1959年出生，今年56岁，是杨润田的二女儿，从小听着父亲抗战的故事长大，父亲在我小时候或多或少会提起他当年的事情，我们也多少能帮他记得一些。他现在年纪大了，很多当年的细节都记不住了，我和姐姐妹妹们后来参加工作在社会闯荡听得也少了，有些事情我们也不能完全记住，只记得父亲那时老跟我们说，对日本鬼子可气愤了，他们那时打仗打得挺狠的，他当兵最崇拜的就是他们连长，一路跟着连长上刀山下火海。有一次他们攻打日伪军一直没攻下来，期间连长被日伪军打死了，当时我父亲并没有害怕而选择逃跑，而是一气之下冲上前把敌人的头砍下来，其他敌人吓得跑掉了。那时听到这一段，我们在场的小孩都会鼓掌，为父亲的勇猛而自豪，我们也很庆幸父亲最终能活下来，很佩服他的勇气。

父亲退伍后当过护林员，看山9年，也在大队当过治保员，负责长期管理队里的庄稼，顺便贴补家用。我父亲为人耿直，有时脾气不好，有时仍有当年打仗的杀气，但他为人处世不怕得罪人，客观公正，对事不对人，有话直说。我们这一代的性格潜移默化也被他影响到，有需要帮忙的人我们姐妹也会出手帮忙，看见别人有什么困难都会挺身而出。

孙辈讲述

▼ 不屈不挠，坚持正义

我叫杨立烨，今年28岁，现在一家公司从事财务工作，是杨润田的孙女。从小我就是听着爷爷奶奶的抗战故事长大的，在我眼中，不仅爷爷是个英雄，奶奶也

杨润田（左三）与老伴儿等的合影

是巾帼不让须眉。

我的奶奶杨崔氏，虽然是一名农村妇女，但她身上也有一段和抗战有关的故事。

1944年，爷爷当兵那年，奶奶才刚刚14岁，那时他们还未相识，但都对日本兵恨之入骨。

记得奶奶跟我讲过，那一年，八路军某团进驻平谷县赵各庄村，准备过端午节，消息被奸细知道后秘密告诉了日军。

之后日军将村庄包围，团长率部队抵抗，带部分群众冲出包围，部分村民被日军俘获。那时，日寇对群众百般拷打，追问八路军去向和武器下落。

我清晰记得奶奶跟我说过，那时日寇将奶奶的小侄子从炕上拽下摁倒在地，放狼狗咬他的头部，威胁家人供出八路军下落。

当时奶奶和她的嫂子冲上前保护她的小侄子，遭到日军毒打。日寇拿着枪托直接打我奶奶，那时还挨了几个枪托，奶奶的嫂子也惨遭恶行，当时她被日军用刺刀扎烂臀部，小腿部被刺穿。后来她俩逃跑躲进家中的大缸内才最终躲过劫难。

爷爷奶奶相差10来岁，结婚那年，奶奶17岁，爷爷27岁，如今相处也有60年了。

如今我做事，一直秉持着爷爷奶奶年轻时的那种不屈不挠的品格，待人真诚善良，为人处世带有一份正义感，我也希望在接下来的日子里爷爷奶奶能够身体健康，长命百岁。

抗战魂，薪火传

铭记历史　珍爱和平

杨润田

传①抗战故事　体会抗战风雨

赵金奕

生活在和平年代是一种幸福

赵兰争

---

① 应为"聆"。——编者注

亲历者郑云翠家的抗战故事

文/赵鹏　图/谭青

老兵档案

姓名：郑云翠
年龄：82岁
住址：北京市密云县西田各庄镇

亲历者讲述

▼ 粉碎抢粮计划，日军龟缩不出

我叫郑云翠，北京密云人，1933年6月出生，今年82了。

1944年，我11岁。当时密云县人民抗日力量日益壮大，开始不断主动出击打击敌人。这年麦收时节,包括我们董各庄村在内,不少村庄虽然还处在日军占领下,但都在共产党号召下,拒绝再向日军送交小麦。这年7月14日,盘踞在密云县的日寇、伪警备司令队协同伪县政府、伪新民会人员共120余人,由密、怀、顺三县日籍顾问犬养毅亲自带队,到董各庄一带抢小麦。我父亲郑若玄也被日军抓走充当民夫。八路军五区队闻讯后,立即派出约200人在途中设埋。敌军出城后,怕遇到我军,后又探听到董各庄村可能有我军埋伏,立即改变行动计划。

我军伏击未成,随即追至大清水潭村一带,3个连队分别从西北、东南、西南3个方向冲进村里,与日军发生激烈交火。日籍顾问犬养毅正在指挥架设重机枪,尚未架好就被我军连人带枪一并俘获。伪县督察长周晓洲带着部分伪军、伪职员向村西逃窜,也被我军截获。其余敌人仓促应战,很快被击垮,四散逃命。这次战斗共击毙日、伪军50余人,俘获26人,除日籍顾问和伪督察长被生擒外,伪民政科长、警备队长、新民会事务部长也都做了俘虏。我军缴获重型机枪、掷弹筒各一挺,步枪、短枪共37支,电台1部。

在村里激烈交火展开巷战的过程中,幸亏五区队一名战士及时提醒我父亲躲到一堵土墙后,这才保住了我父亲的性命。

我听大人说,这一仗不仅粉碎了敌人这次的抢麦计划,保护了农民的利益,更重要的是沉重打击了敌政权和伪组织,在政治上产生了重大影响。在这次战斗之后,敌人不仅征粮更加困难,而且轻易不敢再派兵出来抢粮,唯一的办法是从其他占领区运进粮食。运粮的不易,使得日军基本采取龟缩不出的态势,自此一蹶不振。

▼ 高粱地里"青纱起",日军逼民含泪砍

日军龟缩起来,为了巩固防御工事,1945年初又在董各庄村的村头新修了一个大型炮楼。这一年风调雨顺，村民们原以为会有个难得的好收成，但是见到围绕村庄的高粱田渐渐"青纱帐起"，日军偏偏又开始"从中作梗"了。

日军害怕八路军以高粱田为掩护"端了"他们的炮楼，就召集村民，说一人多高的高粱容易"隐藏共军"，强迫各家各户必须把自己亲手种下的高粱全部砍了。

在日军刺刀的威逼下，12岁的我和父亲含着眼泪，把自家长了一人多高、已经吐穗开花、不久就能收割的十几亩高粱全部砍倒，生生让它们烂在了地里。日军逼得紧，大家吃不饱也得连日连夜地干，不少老人和孩子都累倒在了地里。最终全村的几百亩高粱，在日军强迫下都被白白砍倒了。

▼ 三叔主动送情报，遭人告密惨被害

我的三叔郑若俊虽然不是地下党员，但因为经常给八路军部队送去一些有价值的情报，也被叛徒告了密，英勇就义，没能看到抗战胜利的曙光。

在日据时期，我的三叔郑若俊在伪县政府下属的村公所工作，是一名担任抄写工作的先生，同时兼任伪村长的秘书。由于工作之便，他有时能够见到一些日军动向之类的关键信息或者有关文件。

日军在密云占领区"集家并村"制造"无人区"，实行"三光"政策，对中国人实行严苛的"配给制"，还要大家负担名目繁多的苛捐杂税。在亲眼目睹了日伪军动辄抢粮、"扫荡"、封锁的种种暴行后，我三叔郑若俊更加仇恨日军了。渴望早日跳出火坑的他决定采取行动，主动把自己了解到的日伪军驻扎和调动情况之类的有价值信息，传递给八路军部队。

然而可恨的是竟有叛徒向日军告密，三叔郑若俊随后就被日军抓了起来。日军在村里先是将三叔游街示众，见到三叔宁死不屈，竟然当众用刺刀将我三叔活活给挑死了，只留下他年幼的儿子与我三婶这对孤儿寡母。

> 子辈讲述

▼ 吃苦耐劳，坚持不懈

我叫郑小兵，是郑云翠的次子。我是一名"60后"，出生的时候，距离抗日战争胜利已经 21 年。但在我很小的时候，我的父亲就和我讲述了日本侵略者在我的家乡烧杀抢掠的罪行。那时候，我把它当一个故事来听，幼小的思想里，只有对日本侵略者的痛恨，随着时间的推移，我长大了，对这次战争也有了新的认识。

我的父亲告诉我，1942 年至 1945 年，是日本侵略者在密云地区活动最猖獗的几年，在县城范围内有多个敌占区和据点，那里的百姓被敌人摧残，民不聊生。"烧光、杀光、抢光"的"三光"政策对百姓的生活无疑更是雪上加霜。就在这动荡的年代里，涌现出了无数的爱国志士和抗日英雄，他们用各种可能的手段，对侵华日军施以打击。在这艰苦卓绝的战争中，无数英烈献出了自己宝贵的生命。

吃苦耐劳、坚持不懈、不怕牺牲，这些英烈很好地诠释了自己对国家的承诺、对百姓的誓言。我们出生在国家发展的初期，成长在中国共产党领导的旗帜下，抗日战争精神在我们这一代身上得到了体现。

虽然我是从事商业工作，没有像老一辈人那样经历过枪林弹雨，也没干过什么惊天动地的大事，但从小父亲传承给我的抗日战争精神，对我的人生影响颇大。因为在日常工作中，我也经常会遇到各种沟沟坎坎，抗战精神始终激励着我遇事不怕困难，勇往直前。

在抗日战争胜利 70 周年之际，祝我的祖国在这种精神的激励下，勇于创新，蒸蒸日上。

孙辈讲述

▼ 戍守边陲，磨炼意志

我叫郑拓，是郑云翠的长孙，是郑小兵的儿子。我是 1990 年出生的年轻一代，是最需要拼搏的一代，也是最容易满足、骄傲、懒惰的一代。为了我们"90 后"能在社会中展现自己的能力，就需要有一个动力去推动我们前行。

从小到大，我没少听爷爷讲他经历过的这些事情，震撼之余，我也暗下决心，决定以后在工作和生活中都要严格要求自己。而成为一名军人，正是我的人生梦想之一。

郑云翠与孙子郑拓的合影

抗战胜利 勿忘国耻[1]。

缅怀先辈，把抗日战争精神发扬光大。

郑云翠之孙：郑拓

2015年5月28日。

---

[1] 应为"耻"。——编者注

大学毕业后我志愿入伍，来到了祖国的边陲西藏守边卫国。在西藏服役的这两年，使我得以在自然条件最艰苦的地方去锻炼自己。手握钢枪站在哨位上，也使我明白了祖国荣誉高于一切，人民幸福高于一切的这些道理。

我从小接受的家庭教育，就是要爱国爱党。入伍后，我更是明白了为了集体利益要无私奉献的道理。这既是家庭对我的教诲，又是军队领导对我的期盼。在退伍后，我下定决心时刻要以一颗感恩的心，回报亲人，回报国家。

如今，我已经是一名在基层岗位工作的公务员了。我时常警醒自己，如今的好日子得来不易，是无数先烈抛头颅洒热血换来的。在如今的工作岗位上，我只有不断尽责工作，为基层群众服务好，才对得起那些先烈。

2015年，是抗日战争和反法西斯战争胜利70周年。70年前，我们的国家、我们的民族有过一段不堪回首的惨痛经历，70年后，我们的祖国、我们的民族繁荣富强、蒸蒸日上。这和平繁荣，是一代又一代人的辛苦付出、无数革命先辈的英勇无畏换来的。

抗日战争期间，无数英烈的事迹让我为之动容，日本侵略者在我国所犯下的罪行，也让我深恶痛绝。九一八事变、南京大屠杀、"三光"政策，这些惨绝人寰的行为，使我们的百姓生活在水深火热中。但就在国难当头之际，人民站起来了，用自己坚硬的拳头，把这些侵略者赶出了祖国。这种抗日战争精神，也影响着我们，让我们在学习、工作、生活中，无畏艰难、勇于尝试、勇敢前行。我相信，我们"90后"这批社会的生力军，一定会把我们的国家建设得更加繁荣富强。

抗战魂，家风传

听到抗战老兵亲口讲抗战故事之前，只是从影视节目中了解战争，对真实的抗战并没有机会。老兵的故事让我意识到，战争的残酷并远离我们，你们是有天都要面临的事情。先辈英烈，保卫家国，值得我们每个人尊敬。

勿忘历史，向老兵致敬！

　　　　　　　　　　　　　　　　张润泽
　　　　　　　　　北京铁路局丰台机务段

看到抗战时期的生活这么困难，提醒我们更要好好珍惜今天的幸福生活。老兵无论是在战场上，还是退伍之后的生活中，都给我们做出了榜样，勤俭节约，自强不息，这也是我们这一辈人应该继续发扬的，这种优秀的品质也值得代代相传下去。

　　　　　　　　　　　　　　　　刘烨烨
　　　　　　　　北京尚超热卖餐饮管理有限公司

看了抗战老兵的故事，我感到更要好好学习，勤俭节约，将来报效祖国。

　　　　　　　　　　　　　　　　庞紫嫣
　　　　　　　　　　　　丰台五小一(6)班

家风的传承——我们家鲜为人知的抗战故事

重伤不哭战士钟信家的抗战故事

文／陈荞 摄影赵思衡

老兵档案

姓名： 钟信
年龄： 87 岁
住址： 北京市房山区城关街道永安西里

老兵讲述

▼ 为报父仇，踏上从军路

我叫钟信，1928 年 10 月出生于河北省马头镇，1945 年 8 月 2 日参加的革命。

8 岁时，父亲就被日本鬼子杀了。他们找我们要粮食，可那时我们自己都吃了上顿没下顿,哪来的粮食?日本鬼子非说我们藏起了粮食,就杀了我爸爸。我们家买不起棺材,用家里的大木柜把爸爸埋了。

爸爸死后,我给地主家里扛长活,不给工钱,就一天给点饭吃,能饱肚子。

17岁那年,我偷偷跑到大兴县榆垡镇,找到驻扎在那里的冀中七十六团参了军,在二营四连当了一个普通的战士。

我爸爸的仇我一直记着。我去参军,就是想杀日本鬼子,为了家仇国恨。

我们四连的连长叫张耀武,每天都教我们学投弹、刺杀,别的先不学,就学这一手。

连长说,日军有坦克,武器精良,我们要是跟他们打阵地战是会吃亏的,所以毛主席让我们开展游击战、地雷战,避开他们的优势。

连长后来还教我们近战、夜战、麻雀战等各种战法,麻雀战就是把鞭炮吊在白铁桶里,扰乱敌人休息,敌驻我扰,敌疲我打。

▼ 夜袭日军,拼刺刀杀敌

我赶上了抗日战争的末期,亲自上战场和日本鬼子交了手。

1945年8月5日,我刚学了几天投弹刺杀,连里就接到了夜袭日军防空队的任务,我们全连的人都出动了。

我们采取的是"夜摸"的办法,两个排掩护一个排进攻,因为敌人武器好,我们武器差,硬拼的话伤亡大。为了前进时不发出声音,出发前,连长还让我们带了

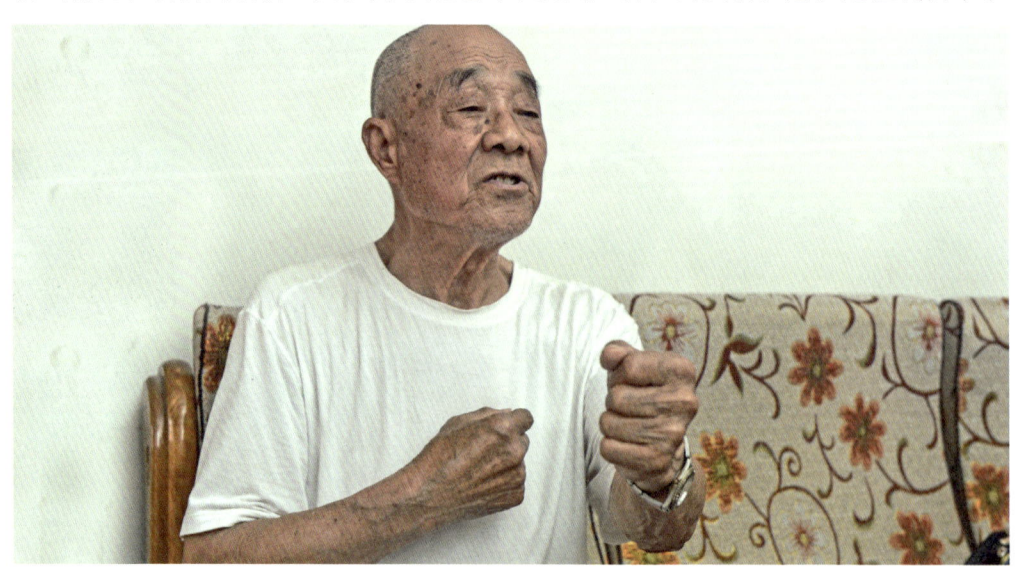

贴饼子，要是想咳嗽就用饼子压压，走路要学猫步，轻抬轻放，不让敌人发觉。

我们摸到敌人防空队跟前儿了，敌人的岗哨发觉了，朝我们鸣枪。我们把手榴弹拉着，朝敌人扔过去。敌人一窝蜂似的，光着脚端着枪就出来了，跟我们拼刺刀。

我们很多人是刚学的刺杀技术，学的一招叫"防左下击"，正好就用上了。

我跟一个日本鬼子也交上了手，他端着刺刀冲我心口就来，我一防没防住，刺刀扎在我的胳膊上，我来一个收枪、大踏步前进，枪冲着他就过去了，我弯腰一拳打在他裆部，把他打晕在地。我怕他活过来还跟我拼，就地又给了他一刺刀。

我手臂上伤口的血也直往外冒，我赶紧从背包上解下毛巾，拿牙齿勒着毛巾的一头，把伤口扎好了，又去援助战友。

这场战斗我们俘虏了12个日本兵，缴获了1挺九二式重机枪、18支步枪、1个牛腿炮和1辆四轮马车，还缴获了1头奶牛，都交了公。

▼ 行军打仗不忘学文化

我没有文化，是在部队学会的认字。班里有一个负责学习文化的小组长，他时不时给我们出一句话，我们要做到"三会"——会写、会认、会用，之后组长才给出第二句。

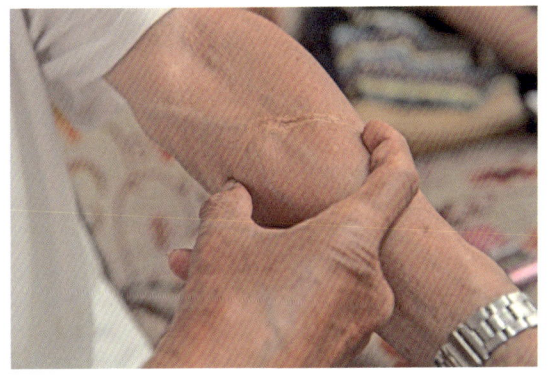

我记得很清楚，第一句话是"行军为了打仗"。我不认识字，所以就加倍努力地学。那时还行着军，前面战士背着一双鞋，我就拿土圪垯写在他的鞋底上，一边行着军，一边念着"行军为了打仗"，时不时看他的鞋底，看这几个字怎么写，生怕忘了。

组长教我们的第二句是"轻伤不下火线，重伤不哭"。那会儿没有纸，大家找来树叶子，把这句话写在树叶上，贴在枪把子上，一边走一边念。

等第二句话会了，组长又教第三句"一切东西要交公"。别看这句话不起眼，可作用不小，它培养了大家的集体主义思想。

我们都很感谢小组长。一打起仗来，都怕他被敌人打死了，就没人教我们学习了，每次都让他在后边待着，危险的地方我们去。

就是在这样的环境下，我学会了认字，一直到后来退伍、工作，我从来都没有停下过学习。

妻子讲述：

▼ 风雨同舟，坚强自立

我叫武建华，今年 85 岁了，是钟信的老伴儿。这一辈子我们俩坎坎坷坷地就这么过来了。

钟信 1963 年退伍后，转业到河北省隆尧县棉麻公司任公司经理，那时他响应国家的号召，说"人有两只手，绝不在城里吃闲饭"，提出要让我回农村种地。

我也想着他一个人的工资，要养一大家子人，都不够生活。他也不容易，回就回吧。我记得那是 1971 年，一过完年我就回到了房山农村种地。

我一个人带着 4 个孩子，白天在生产队里干活挣工分，再加上他给寄点钱，日子勉强也就过来了。我们一直两地分居，到 1978 年他才调回到房山区工作。

我也知道他从小是受过苦的人，所以我从来都不跟他吵架，他说什么就是什么。他对我也算挺好的。我们的几个孩子也都老实巴交的，他对孩子管得很严，不让浪费，不让他们乱花钱。

可能是经历了过去的那些事儿吧，我们俩人到现在都比较自立，不喜欢麻烦孩子们。现在我们两个人住，自己做饭。儿女们要上班，还得照顾孙子，我们就不给他们添麻烦了。

> 希望青年一代不要忘记历史珍惜现在幸福生活。
>
> 钟信

孙辈讲述

▼ 终身学习，自立自强

我叫钟崴，是爷爷的孙女。爷爷平时会给我们讲他从军的故事，不管是那时候还是现在，爷爷的学习精神都让我们深有感触。

钟信（二排左四）的全家福

在部队的时候，爷爷边行军边学习，经常是别人靠着休息了，他还拿个草棍在地上写啊画的，就怕考验不合格通不过。

爷爷老说自己不识字，所以必须要更努力地学习。他确实是活到老学到老，而且都是自学。他从来不放弃学习任何知识和本领的机会。

退休以后，爷爷学的东西就更多了。他学太极、二胡、计算机，奥运会的时候还学英语。

我们生活在现在这样好的一个时代，可以说各种条件比起爷爷那时候不知道好多少倍。每当我贪玩的时候，我就会想起爷爷，就会激励自己要向爷爷学习。可以说，爷爷以身作则，把他的这种学习精神传给了我们。

我爷爷还特别自立，只要自己有一分力量就绝不麻烦别人，尽自己所能把事情做好。

爷爷总对我们说，你们学习条件多好啊，上完学按部就班地再上班，不像那时候饭吃不饱，还总打仗。

爷爷总是教导我们不要忘了过去的历史，他老对我们说起列宁的一句话"忘记过去就意味着背叛"，他说，我们要好好记着历史，起码要知道现在的生活来之不易，要好好珍惜。这些话我时刻牢记，受益很深。

抗战魂，家风传

通过钟信老人自己及其老伴及子女的讲述，呈现了一个抗战老兵有情有义有担当的立体形象。今天的幸福生活来之不易，国家强大了才能有老百姓幸福的生活！

丁岩峰
中国电力科学研究院
2015.8.4

作为抗战老兵，钟信老人不怕牺牲、奋勇杀敌、勤能尝苦的精神感人至深。他和4433个抗战英雄们一样，不愧是中华民族的脊梁。

王敬川　中国水电水利规划总院
2015.8.4

钟信老人的精神不怕苦、不怕牺牲，爱国的精神值得我们这代青年人学习。我们同时把更珍惜现在来之不易的幸福生活。

丁诗雁
海淀实验中学
2015.8.4

第四篇章
勤俭节约 艰苦奋斗

家风的传承——我们家鲜为人知的抗战故事

儿童团战士艾德本家的抗战故事

文／龚棉　图／赵思衡

老兵档案

姓名：艾德本
年龄：88岁
住址：北京市门头沟区清水镇西达摩村

老兵讲述

▼ 加入儿童团，走上从军路

我叫艾德本，北京门头沟人，1927年2月11日出生，今年已经88岁了。我15岁在当地当上儿童团组长，16岁加入游击队，17岁就成了冀热察挺进军七团三连的一名战士。

我加入儿童团时，日本兵把村子周边祸害得很厉害，烧、杀、抢，几乎把村子弄平了。15岁那年，占据斋堂的日本兵同清水镇据点的敌人在汉奸的带领下，对西达摩地区进行了将近一周的"扫荡"。我曾亲眼看见，日本兵用刺刀、棍棒把村民赶到庄上，路上还把我们村的王国仕和王德山媳妇、马玉凤媳妇用枪给打死了。我和其他村民也被日本兵用棍棒打击，我的头部还受了伤。在后来的抗日过程中，我的姐夫牺牲了。

那会儿，因为年纪还不大，我和儿童团的伙伴们只能配合着民兵做一些任务，帮着八路军送鸡毛信，配合着破坏日本的地雷，割他们的电线。

送鸡毛信时，常常是两个人结伴去，但也少不了一个人走的时候。那时山里头还会闹狼，但根本顾不上害怕，只知道这鸡毛信不能耽误，赶夜路几十里地是常有的事。

日本兵那时候也会找我们来套话，问问村里的情况。但是我和儿童团的伙伴们都守口如瓶，在口头上应付着他们，说村里平安无事，给他们假的消息。

▼ 游击复仇"王家山惨案"

1942年12月12日黎明时分，驻斋堂日军头目赖野及汉奸带领日伪军50余人包围王家山村，村中青壮年退进深山，老弱妇孺陷入包围。日伪军进村后，在四周架起机枪，赖野下令放火烧村，使42名无辜群众葬身火海，制造了著名的"王家山惨案"。

惨案发生后，日本兵队伍并未离开，而是在王家山后山建立了据点，开采当地铜矿。我们游击队了解情况后，决定偷袭鬼子。

那天晚上下着小雨，鬼子都躲在屋里歇着。我们从山上绕道，藏在鬼子据点下面。等到山上的雨雾更大些时，队长做了一下手势，大伙拿出手榴弹，冲着鬼子据点一通猛扔。当时，鬼子据点四处爆炸，整个给炸成了一个大火球。鬼子搞不清情况，用机枪冲着山上乱扫，鬼子死的死、跑的跑，当晚就撤离了王家山。我们除了给村里人报了仇，还缴获了一挺歪把子机枪。

▼ 伏击灭敌，收复斋堂

16岁那年，我参加了宛平县游击大队，后来这支队伍整编成了八路军七团，我也成为了一名战士。一开始，由于弹药比较匮乏，我们做的主要工作就是骚扰在清水河杜家庄据点的敌人。

打游击时,我们常常大晚上跑到鬼子的岗楼附近,用响动吸引里面敌人的注意,好让他们向外面射击子弹。也常常趁夜里去破坏敌人的物资。

后来,受到太平洋战争影响,日本宪兵大队准备撤出斋堂、清水等据点。我们想,终于到了我们一举解决他们的时候了!

我们得到消息说,鬼子撤退时要在早饭后经过这里,我们头天晚上就出发了,藏在王家河滩下面等着他们。我们一直趴着,战友们谁也不敢出声。大概八九点钟,我们就慢慢听到了行军脚步声,越来越近,越来越清楚。指导员大喊了一声"冲啊",我们就从河滩冲上了土路,和日本兵100多人厮杀在一起。

那时我们拼的是刺刀,手劲要大,还要会左、右刺。我记得一个鬼子挺着刺刀向我捅过来,我用枪一挡,往左一拨,战友趁着缝隙,照着鬼子肚子就是一刀。被刺了的鬼子还要做最后挣扎,又冲着我扑过来,我用枪使劲往前一顶,枪口正好抵着他胸口,我又补了一枪,他才真正倒地了。

在这场王家河滩歼灭战中,我的战友中有3人伤亡,大伙儿消灭了40多个鬼子,我和战友配合杀敌4人。余下日军有的被俘,有的狼狈逃脱,斋堂被彻底收复。

子辈讲述

▼ 尚武爱军,发展村产

我叫艾宏园,是艾德本的小儿子,今年47岁了。我现在在西达摩村村委会工作,负责治安保障等方面的工作,这几年着手发展村里的旅游业。

小时候,对老爷子的故事和精神耳濡目染,我特别想去当兵,也差点真就去了。但由于父亲到了一定年纪才有了我,为了更好地照顾父亲,我选择了留在村子里。这几年手头富裕了,我经常带着父亲到全国各地旅游。每到一个地方,他宁愿不去看名胜古迹,也一定要去看看抗战纪念馆、抗战英雄故居。我知道老爷子对我没能真正进部队感到遗憾,好在这个遗憾现在被我的儿子弥补了。

现在我一直在努力扩宽村子的发展思路,发展西达摩村的农家乐产业,我们村的很多宣传标志、宣传画,以及村里达摩像的设计制作都是我来组织的。

目前，我们村有 23 家市级农家乐。一到季节，满山的杏儿、樱桃能吸引一些周边的游客，但整个村里的百姓目前还没有全部带动起来。我在北京很多村进行了考察，就是希望我们这些已有的农家乐越来越好，把整个村子带上更好的阶段。

现在我就想好好把村子发展好，让全村老百姓的日子越来越红火。这样才能真正延续老爷子的抗战精神，才能守好这个村子。

> 抗战胜利后，全村的日子越过越好，感谢父亲和战友做出的贡献
> 艾宏园

孙辈讲述

▼ 从军争优，珍惜当下

我叫艾永超，是艾德本的孙子，艾宏园的儿子，今年 22 周岁了。2012 年，我从山西太原退伍回京。

小时候，爷爷经常给我唱抗战歌曲，讲抗战故事。我们家亲戚里面在部队的不少，爷爷经常拿着照片给我讲大家的经历。爷爷讲他跟敌人拼刺刀的场景，是我印象最为深刻的。家里有了电视以后，我就最爱看抗战题材的电视剧。

爷爷的战斗精神鼓舞着我，不到 18 岁，我就入伍到了山西太原一八七师五六〇团。我的身体素质比较好，在部队的表现一直不错。2012 年 11 月 15 日，我从部队光荣退伍。在部队期间荣获了营嘉奖、连嘉奖和优秀士兵，两年的军营生涯，值得我铭记和骄傲一生。

爷爷给我讲抗战故事时，常常提起自己吃不饱饭仍坚持着与敌人作斗争的经历。现在，我们的日子好过了，能吃饱、吃好，但我也常常想起爷爷那段挨饿受欺负的日子，以此提醒自己珍惜如今的生活。

抗战魂，家风传

男儿血性！抗击日寇，不仅是一场保家卫国的战争，也不仅是一场反法西斯战争，他更是一场彰显中华儿女民族气质[1]战争，英领[2]前辈之鲜血染红的是每一位华夏儿女的心，他们挺起了中国的脊梁。

北京市昌平区南口镇 李繁忠

有国才有家，抗日英雄所表现出的民族精神，在和平年代化作影响一代又一代的优良家风，浸润着中华儿女。

北京市昌平区南口镇 杨立娟

向英雄爷爷致敬！

南口道北小学 孟佳欣

---

[1] 应为"的"。——编者注
[2] 应为"雄"。——编者注

舍命送信员程全久家的抗战故事

文／刘雷玉　图／范继文

老兵讲述

老兵档案

姓名：程全久
年龄：92 岁
住址：北京市密云县太师屯

▼ 义无反顾，参军入伍

我叫程全久，北京密云人，1923 年 5 月出生，今年 92 岁了。1942 年，因为当时家里穷，我就给别人养猪、养牛。后来我当了兵，当时因为年龄小，没有参与打仗，主要就是给共产党送信件、站岗放哨、抬伤员。

那时候也没有电话，站岗放哨全都靠喊。当时送信得防着日本兵，怕他们发现。参军前部队就问我怕不怕，我说我不怕，没什么可怕的，之后没多久我就开始当兵了。日本鬼子在我们太师屯、北庄、令公等地方都有据点。我们家就在太师屯，鬼子来了老百姓就躲，有时候一个星期躲在山洞里不敢出来。他们最常用的折磨人的方法就是灌辣椒水、用铁板烧红放到老百姓的肚子上，逼迫他们说出谁是共产党。

日本鬼子进我们村时，我们村里老百姓家的门被踢得粉碎，窗户都被砸坏了，家具也摔坏了，只要抓到人就连踢带打地拷问。鬼子问老百姓是不是探子，即便不是，也往死里打。

每次日本鬼子进村，家里养的鸡鸭猪羊都被杀掉，粮食也全被拉走，值钱的东西更被抢走。有时日本兵半夜也来，老百姓都不敢在家里睡觉。村里面的老百姓没有一个不痛恨他们。

▼ 连跑10里，舍命送信

1943年，我正要出村去送信，鬼子突然来搜山，把我们村后的太平山包围了。当时负责放哨的也没有看到他们，鬼子是从另一条路跑上去的。由于我们队伍人少，鬼子人数多，只能打游击战，过了不到半个小时，鬼子把山上的老百姓包围了，大家都拼死跑。当时还有七八个老百姓没有跑出去。鬼子拿着刺刀就捅人，问他们共产党都去哪了。有的连问都不问，上去就捅。当时很多老百姓都亲眼看到了杀人的场景。现在想起来，还是特别气愤。

我因为有任务，带着信件一直跑，一路跑了近10公里，没有水也没有吃的，饿了就从树上扯下点树叶子充

饥。走到最后几公里,因为饿,我几乎虚脱了。过了两个小时,路上都没有人了,我担心鬼子突然出现,一路四处打探,一点都大意不得。那次,把信件送到部队后,整个人都轻松了,之前生怕给部队带来麻烦。

▼ 缴获药物,阻止纵火

那时候,在一次与日本鬼子的游击战中,我们还缴获了日本鬼子放火用的化学引火物。当时,日军放火是在军官指挥下,先由他们在认为可烧的门上画上记号,士兵们再使用汽油和化学药品纵火,我们把他们放火用的化学引火物缴获,他们就不能在村里放火了。

一次,日本鬼子进村,临走时就一把火点着了邻居家的房子,幸亏有回去早的老百姓,帮忙把大火扑灭了,但门窗和家里的东西已经烧得一干二净,邻居一家四口只能挤在我家里住。

为了不让日本鬼子烧村里的房子,我们四处找日本鬼子研制的化学引火物,想把他们的引火物都缴获,这才能保障老百姓的安全。

但这些引火物他们都藏得特别好,不好找。恰巧有一次跟鬼子交战,我们的人把他们包围了,30多个日本鬼子都被我们打跑了。我们追到他们的住处,把化学引火物都给缴获了。从那次之后,日本兵有很久都没敢再来欺负老百姓。

后来,我因为身体不好,就退伍回家了,去了城里团结湖附近的建筑公司上班,退休后就在家里种地。我在工作期间被评为"五好职工",家里的孩子们都以我为榜样。

现在的好日子,来的①不容易,珍惜!

程全久
2015.6

子辈讲述

▼ 节约粮食,乐观积极

我叫程丙增,今年69岁,是程全久的儿子,我们家一共4个孩子,我排行老大。

---

① 应为"得"。——编者注

我家和我爸家挨着,我妈去世得早,我爸不愿意在我们家住,就住在我们隔壁的院子,这样我白天能给他送饭,照顾他,平时方便看望他。

我爸当年的故事,在小的时候他就经常跟我们讲。比如,告诉我们一定要节约粮食,他们那时候想吃上现在的饭,太难了。我听他讲,我们村当年有几个人被日本鬼子砍死了,现在大家提起来还很气愤。

我现在在城里开出租车,白天出车,晚上回来陪家人,虽然收入不算特别多,但是养活家里这两口人没问题。也是因为我爸的原因,家里人都特别团结,关系十分融洽。我妈去世前,因为身体不好,躺在床上几乎动不了,但是我爸特别乐观,我爸常说,他们那个年代,什么困难都走过来了,现在有什么事也难不住了,现在的苦难都可以克服过去,要感恩现在的好日子。他带着我们全家人一起照顾她,对我妈特别好。我们也是受我爸影响,遇到事情往好的方面想。我们现在的生活很幸福。同时,我们不会忘记历史,不会忘记日本帝国主义的滔天罪行。

孙辈讲述

▼ 梦想从军,创优争先

我是程建方,是程全久的孙子、程丙增的儿子。我今年35岁了,在城里的物业公司上班。周末不忙的时候,经常回来看爷爷。平时我爷爷也会给我讲他抗日时期的故事,我当时也比较小,听了没有什么印象。后来随着年龄的增长,挺佩服我爷爷的。

我们全家都以我爷爷的事迹骄傲。我16岁的时候,还真想像我爷爷那时候一样,去当兵打仗,但是现在都是和平年代了,不像当年那么艰苦。我有什么事情都愿意跟我爷爷讲讲,他也爱听,愿意给我出主意。

我爷爷一直叮嘱我,做人一定要踏实,在这点上,我们全家都向他学习。我爷爷那时候当送信员就特别的优秀,后来在单位也是一样,总是被评为优秀职工。现在年龄大了,也不闲着,没事的时候还种点地,我家门前的白菜和葱都是他种的。

抗战魂，家风传

我是在北京的江西人，祖辈也在抗战中牺牲，每次看到这些故事，时刻提醒着我，不要忘记历史。

保卫家园。 李姝烨

有国才有家，我们不能忘记那些为了现在美好生活奋斗的人。

江佳幼儿园：童彦陶

看了程全久爷爷的故事，让我明白了现在生活的来之不易，我要好好珍惜现在的生活。

冯家府小学 童诗韵

青年护士李存刚家的抗战故事

文／迟名 图／陶冉

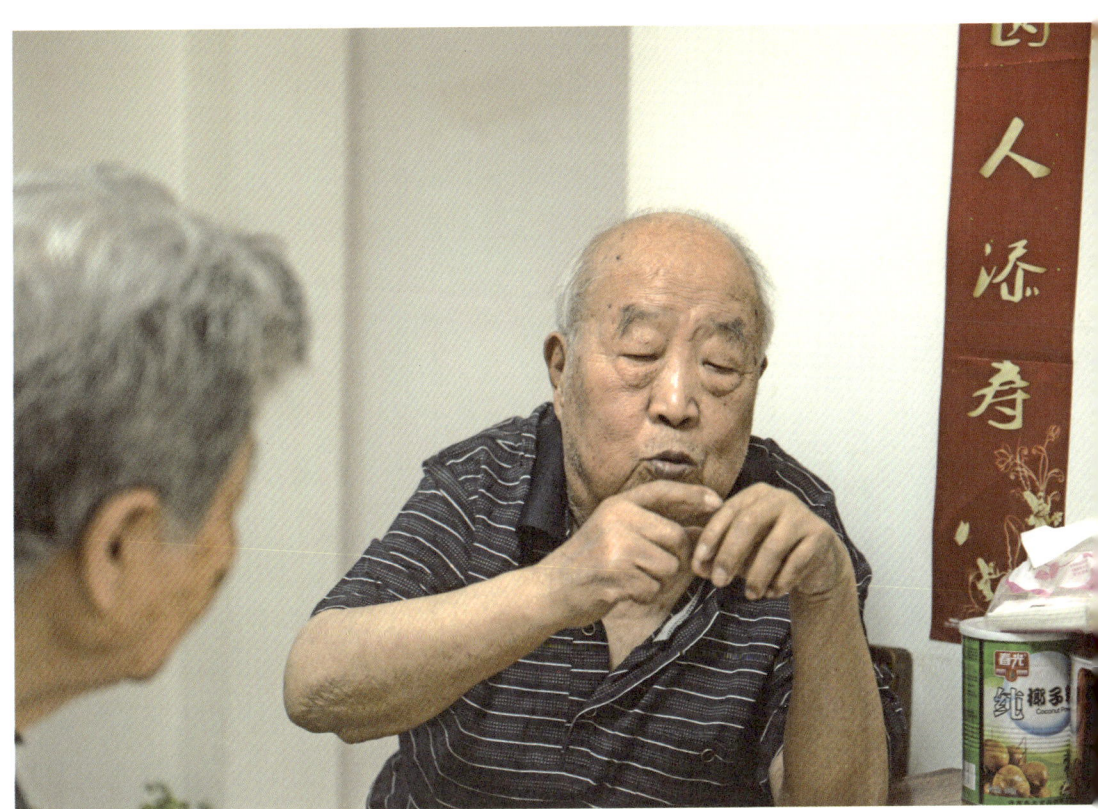

老兵讲述

▼ 带领众人报名参军

我叫李存刚,河北邢台人,1922年12月出生,今年93岁了。我1938年参军,在部队历任勤务员、护士、调剂员、司药和科员等职务。1954年,我从空军第九师转业到北京市

老兵档案

姓名：李存刚
年龄：93岁
住址：北京市东城区煤渣胡同

卫生局工作。

1931年9月18日，日本驻东北地区的关东军突袭辽宁沈阳，继而向吉林、黑龙江各地发起进攻。短短数月间，东北三省纷纷沦陷，次年即成立了满洲国。我读过4年小学，老师常常讲九一八事变的故事，我从那时起开始恨日本侵略者，恨他们在东北犯下的罪行。老师还教我们唱《松花江上》，那曲调我到现在仍然记得。后来舅舅在天津给人看货，东家是生意人，让我去当学徒。可日本侵略者已然进驻天津，在那里横行霸道。我内心抵触，不肯过去，谢绝了舅舅的好意。

中共中央长征到达陕西延安后，1938年初，南宫县来了八路军。我有个叔叔的孩子是共产党员，听他说八路军在招兵。我那时在同村青年中的威信还是挺大的，我倡导大家一同抗日、抵御外侮，带了十五六个青年去报名。人家看我个子小、年龄小，上下打量我一圈问："你为什么参军？"我说："打日本、救中国，不当亡国奴！"那人就笑了，争取半天，总算答应了。因为我读过书、认识字，组织让我做勤务兵，给县大队和冀南军区送信。我虽然想当个战士，上前线、杀鬼子，但是要服从命令，到需要的地方去。那一年，我16岁。

▼ 反"扫荡"时震聋右耳

后来，我被调到休养所当护士。战时从前线送来的伤员很多，轻伤、重伤都有，听他们讲起前线的故事，我恨不能拿起刀枪，亲赴战场保家卫国。每天除了吃饭、睡觉，就是在护理伤员，忙起来没有钟点。我不觉得苦，大家都是这样度过的。

1940年，敌人以公路、铁路为支柱，对抗日根据地进行了频繁"扫荡"。彭德怀指挥八路军第一二九师和晋察冀边区等共百余个团，对华北地区的日伪军发动了"百团大战"，给予他们沉重打击。

李存刚（右）与女儿李红

同年，我在南宫县马古庄经历了一次反"扫荡"斗争。那是在野外，敌人突然来袭，到处是震耳欲聋的爆炸声和子弹触地时的砰砰声，部队遭受重创。护士没有枪，不是敌人攻击的重点。我和其他护士躲进草丛，等敌人离开后再出来，才得以幸免。但我右耳被敌人的

家风的传承——我们家鲜为人知的抗战故事

炮火声震聋，左手食指被敌人的子弹击伤，一直未能复原。

此后，我转移到野战医院负责药品管理工作。医院距离前线较远，工作相比之前较轻，可我还是惦念着，若是能回前线该有多好。1950年，朝鲜战争爆发，我到了吉林，统归空军管辖。1954年，应党组织要求，我从空军第九师转业到北京市卫生局工作。我走时，好多老战友还在部队。虽然不舍得，但没有想不开，支援地方建设也是为国家效力。

妻子讲述：

▼ 默默支持，无怨无悔

我叫胡秀蓉，是李存刚的妻子。1932年出生，今年83岁了。我也是南宫县人，与老伴儿的家乡隔了3里地。日本兵到过南宫县，他们到各村"扫荡"，抢人劫财，弄得人心惶惶。村里安排男人站岗，选处能望远的高地，日夜注视，有动静马

上回报,大家就跑出去避难,有时去外村,有时去郊区。当时我还小,只有几岁,就跟父母一块儿逃,等日本兵走了再回来。

1947年,经人介绍,我和他相识并结婚。他住在部队,因此最初两年,我们很难相聚。后来我们育有四女两男,小的因病去世,只剩下5个孩子。我知道他是当兵的,是共产党员,知道他是好人,打过鬼子,这就足够了。

1949年,因丈夫没人照顾,考虑他生活困难,部队批准我随军到涿县生活。他在后方负责药品管理工作,作息还算固定,每天早起上班,中午回来吃饭。那会儿随军的家属不多,我就在家照顾他、做家务。

1950年,大女儿出生。数月后,丈夫被调至吉林。因为孩子小,我怕她太冷生病,就带她回了老家。丈夫在吉林属于后方,相对来说比较安全,我没什么顾虑。他一直想到前线,可惜未能成行。若组织安排,我一样支持,不拖他的后腿。我嫁了这个人,他想去哪我都没意见。危险不可避免,若大家都有顾虑,这仗就没法打了。

转业那天,丈夫和平时没什么两样儿。他嘴上不说,可我知道他心里舍不得。后来几个孩子陆续出生,他一直鼓励他们入党,争取进步。

子辈讲述

女儿讲述:

▼ 不骄不躁,艰苦奋斗

我叫李红,是李存刚的二女儿。1953年出生,今年62岁了。打我记事起,印象最深的是父亲在一家中医门诊部工作,医院以针灸为主,他给院长当秘书。和他要好的田叔叔、侯叔叔等常来家里,几个老战友,聚在一起就是聊抗战。

1969年,我16岁,从学校到内蒙古生产建设兵团。兵团由内蒙古军区负责筹建,相当于解放军的后备军。兵团下辖6个师,我所在的团驻地在乌梁素海附近,平时跟着老农种菜、打芦苇。我在家做过家务,到这儿做农活也没觉得苦,觉得命运安排如此,没想那么多。同龄人在一起挺高兴,觉得自己是小大人,娇气在我一辈儿里是少见的。

在兵团满3年后,可获准一次探亲假,大概有十几天。再次离家时,我很不舍,父母就安慰我。随着回乡政策落实,1973年,经兵团批准,我回家开始继续学业,并且遇到了我的丈夫。我们是同班同学,他也到过兵团,后来入了党。

在读书近3年后,武汉钢铁(集团)公司建设了大型的冷轧厂、热轧厂和硅钢厂,我作为中专生被调至武汉工作。这期间,工人都是以对调形式,出一个回一个,非常严格。因此一去就是10年。

我们每年有探亲假,也是十几天,婚后可能会多点。当时,除了弟弟在安徽蚌

李存刚(前排右三)的全家福

埠当海军，父母和其他兄弟姐妹都在北京，难免孤独。

其实父亲不常主动讲抗战的故事，但若有人爱听，问他他就滔滔不绝。丈夫每次回家，两人坐在一起能聊上很久。父亲年岁大了，可身体还硬朗，那会儿参加革命的人已经不多，我们都觉得很光荣。

女婿讲述：

▼ 对党忠诚，生活俭朴

我叫张景顺，是李存刚的二女婿。1951年出生，今年64岁了。1969年8月，我从学校到内蒙古生产建设兵团，被编为第二师十一团，驻地在乌拉特前旗。那里的沙尘暴很大，漫山遍野，像天塌下来一样。有的女生受不了，总是在哭。我们住得也差，原本是关押劳改犯的监狱，改给我们住，他们迁到黄河以南。100多人的大通铺，3个月下来，睡最左的人不认识最右边的人。吃喝犯难，一节节火车皮拉的进口玉米粒，上头写着"美国饲料"，其实是给我们吃的。

我4年才回了一次家。因此前没休过探亲假，兵团特准我回家25天，而我在第15天即返回兵团。1973年6月，武汉钢铁（集团）公司在兵团定向招生，共118人回到北京。这批学生被编为机械班和电力班，我与妻子同班，就此相识。近3年后，妻子被调至武汉工作。我因是独生子，得以留在北京，被调至首钢集团工作。

我与妻子几乎分开了10年。起初两年左右能见一面，后来有了探亲假，一年可见一面。单位有路过武汉的出差机会都给我。女儿出生两年后，我住在妻子家，帮助照顾岳父。他有四五个老战友，年年春节要聚一次。

他关心时政，常常是以现下开头，往回追溯到抗战。每当我们一起说起日本侵略者屠杀扫荡的情景，他都激动得不能自已。他虽然没上过前线，但见过的尸体很多，提到日军暴行时深恶痛绝的表情，我到现在都记得。现在他年岁大了，听力差了，我们还会用笔交流。从他心底来说，有两点不能割舍，一是对共产党的忠诚，一是对生活的俭朴。无论顺境逆境，这些精神始终不渝，体现在他的言行中。每次听到岳父和老战友聚在一起讲当年抗战的故事，我在一边听着都特受震撼。他们那代老兵太不容易了，经历了那么多惨不忍睹的日子，我们今天还有什么不知足呢？所以就想，在岗位上努力工作，也为国家尽一份自己的力量。

> **抗战魂，家风传**

老一辈革命家的故事让人震撼，找不到身边的抗日老兵，为了今天的和平生活做出了这么大的牺牲，我们要珍惜今天的幸福生活。

　　　　王志国　地矿油涉非站支付

抗日战争胜利七十周年，如今历史已经远去，国家也越来越富强强大，但是我们不应该忘记那段残酷的历史，和平年代，老兵抗战的精神也值得我们继续发扬，艰苦奋斗，在自己岗位上贡献力量。

　　　　刘云秀　北京同仁堂连锁药店有限责任公司

抗日战争离我们已经比较遥远了，如果不是听抗战老兵讲述，难以想象当时的艰苦和惨烈，这样我们感受到，今天的生活来之不易，要珍惜和平。同时，要努力学习，建设祖国，让祖国强大，维护和平。

　　　　王玉贞　北京十四中

突袭敌营勤务兵李生旺家的抗战故事

文／王晓飞　图／徐晓帆

老兵讲述

老兵档案

姓名：李生旺
年龄：87 岁
住址：北京市东城区西水井胡同

▼ 受感参军志气高，突围战中险送命

我叫李生旺，1928 年 11 月生人，今年 87 岁，出生于山西省武乡县西贾庄。父亲是雇农，家境贫寒。我 7 岁就到地主家放羊，受尽苦难。抗日战争爆发后，我于 1940 年报名参加了共

家风的传承——我们家鲜为人知的抗战故事

产党领导的八路军抗日军政大学第七分校，被分配到了卫生科，驻扎在武乡县蟠龙镇白家庄村。那时我只有12岁。之后我一直在部队的总部机关，因工作表现突出，我所在的通信班被上级授予集体三等功。1952年4月我转业到北京市工业局工作。

我参军的时候，记得很清楚，那时正赶上五四青年节，我们县城驻扎的八路军抗日军政大学第七分校有一个纪念活动。我看着战士们背着背包，穿着统一的制服，非常有序地坐在地上，唱着歌，士气非常高昂。在抗日战争那个动荡年代，我当时就被震撼住了。心想，一定要跟着共产党。

当天，我就回家跟家里人商量了，一定要参军。后来就跟同乡一起去报名了，别看当时我只有12岁，但是个子却高高的，因此部队把我留下了，并分配我到了抗日军政大学第七分校所在的卫生科，在那里，我学习了一些护理知识。

经过两三个月的学习后，我就留在了总部机关，担任勤务员，也就是俗称的"部队八大员"之一。

1942年，日本侵略者对太行山区进行大规模的"扫荡"，实行疯狂的"三光"政策。那年5月26日下午，日军包围了"前总"后勤部，八路军副总参谋长左权将军率领部队官兵英勇奋战，掩护我们机关突围，战斗进行得十分激烈。那一天，我就跟随在左权将军率领的部队当中。

那是一场遭遇战，部队正在突围，准备翻越一个小土坡，突然正面扑来不计其数的敌人，敌人太多了当时根本数不过来，部队就此展开，趴伏在了土坡上。霎时间，枪声、炮声响成了一片。

"哒哒哒……"敌人的子弹不断扫来，我们也一直在还击，大约数十分钟，我扔出了3颗手榴弹，然后准备冲锋，突然我的后脖子感觉被打了一拳，顿时昏了过去。

当我醒来时，发现天已经黑了，脸上感觉凉凉的，用手一摸，坏了，全是血。当时我试图站起来，但是一用劲，后脖颈子疼痛难忍，再用手一摸，有一个枪眼。

那时我才发现，自己已经从原来的土坡上滚了下来，而子弹从颈部打过，从左腮帮子穿出一个大洞。

我挣扎着爬起来，想看看附近还有没有战友，结果周围死一样的寂静，我跌跌撞撞地开始寻找大部队。

▼ 深夜探敌营，机智炸纱厂

将近一个月的时间，我终于找到了大部队，但是身上的伤口由于没有得到及时治疗，脸上的伤口已经发脓长蛆，我被送往总部的医院，后来我就在后勤机关工作。

我主要是在纺纱厂做工，当时响应毛主席的号召，自己动手丰衣足食，部队开设了很多工厂，包括后勤的纺纱厂，制作被子、服装。

有一天，我们接到上级机关的指示，敌人来了，抓紧撤退。我们全厂的人都撤到了山沟沟里。敌人一看扑了个空，就住在了厂子里，日军把厂子当成了兵营。

后来经过侦察发现这一情况后，我们就决定去偷袭这个兵营，把厂子炸掉。

李生旺与战友的合影集

于是领导就挑了几个年龄小的，包括我还有几个十来岁的同志，都是在厂子里工作过的，熟悉地形。

第二天深夜，我们摸黑潜入厂子附近。因为纱厂下面有一个大的蓄水池，并且有一条排水渠，我们几个人腰间裹着手榴弹，猫着腰，蹚着水，通过水渠慢慢移动到了蓄水池。蓄水池有一个洞，是从厂子上方往下排水的，身材瘦的刚好能钻进去，于是我们几个迅速地钻了进去。那天，我们的动作很迅速，静静地，没有发出声响。

在蓄水池里，就能清楚地听到上方厂子内日本兵的说话声。我们几个把手榴弹捆好，拉开保险栓，"噌"的一下，就把手榴弹从空洞中扔到了厂子上方。

大家都扔完后，我们快速从蓄水池里跳出来，向水渠方向跑去，耳边传来厂子里"砰，砰，砰"的爆炸声。

我回头看了一眼，当时已经是火光冲天。紧接着就听见"哒哒哒"的枪声，日本兵惊醒后就疯狂地开始反击，但这个时候我们已经跑远了。

▼ 夜去送信荣立功，艰难困苦还坚韧

1942年的时候，我还在总部机关，由于工作关系，我经常能接触到罗瑞卿等这些老一辈革命家。我印象最深的就是，在一次动员大会上，罗瑞卿扯着嗓子大声地喊："同志们，要咬紧牙关，克服困难。"

那个时候，生活确实非常艰苦，那年大旱，再加上敌人的封锁，我们都到了快吃不上饭的地步了。怎么办？也不能管老百姓要，大旱后老百姓也没饭吃。我们一天三顿饭就用黑豆代替粮食，用黑豆煮成汤，再加上一些自己挖的野菜，这样也吃不饱，只能是忍着，有的时候饿得都发晕。而在总部机关，首长们也同样吃不饱。

后来到了1943年，情况有了好转，部队也转移了。1944年11月，我到了陕北延安安塞县黄崖沟林中央军委二局二处当勤务兵，有的时候还要充当机要员的角色。

因为部队通讯设备不发达，很多重要任务和命令的传达都无法通过无线电进行，因此只有用最古老的办法——"人传人"了。

记得有一次，首长给各个部队下达了作战任务，可各部队那时都比较分散，几个通讯员都出去了，还有的部队没有通知。首长叫我去下达作战任务，我和一个战友就出发了。根据当时部队的所在位置，我和战友这一夜要走40多公里的山路，必须在天亮前将任务传达到。

为了不让敌人发现，我们还不能挑着灯，就借着月光翻山越岭。那个时候是真的一直都在跑，有的时候听到了狼叫，没办法，才点上灯，走一段时间再灭掉。

最终，我们在天亮前赶到了作战部队，传达了任务。

任务传达完毕后，我当场就累得躺在了地上。因为工作努力，我后来被调入了通讯班，也因为这样的艰苦奋斗，我所在的班集体荣立了集体三等功。

子辈讲述

▼ 艰苦奋斗代代传，勤俭朴素记心间

我叫李小燕，是李生旺的女儿，父亲从小就教育我们子女要艰苦奋斗，感谢党和国家。在我很小的时候，父亲就教育我们要勤俭朴素，不能铺张浪费。

举一个很简单的例子。现在的生活条件好了，家里聚会都会去饭馆用餐，但是无论父亲在不在场，点餐的时候我们都会注意，不会点特别多，因为点多了大家肯定吃不了。有一次，家中将近10个人聚餐，点了一桌子的菜，后来饭菜没吃了，我们就主动提出来打包带回家。

受父亲教导的影响，我们全家的集体荣誉感特别强，甚至像父亲一样，把荣誉看成生命。

在后来我自己教育子女的过程中，我也经常告诫孩子，要清清白白做人，艰苦朴素，什么奢侈品，根本就不买。

孙辈讲述

▼ 不怕牺牲勇奋斗，忆苦思甜尚节俭

我叫张硕，李生旺老人的外孙子，是一名80后。

我第一次知道抗日战争，是童年听姥爷讲他抗战的故事，了解到那个时候国家正经历着一场腥风血雨的磨难。年幼的我虽然不知道什么是国恨家仇，但听出来，姥爷当年的抗战生活很艰苦，整天与死神作斗争。

后来，我上学了，通过系统地学习历史知识，我了解到了那是一场中华民族反

李生旺与老伴儿及外孙的合影

对外敌入侵的神圣战争,是世界反法西斯战争的重要组成部分。姥爷当年给我讲的那些故事,再结合从书本上了解的历史背景,我对姥爷当年的抗日精神渐渐有了了解——正是他们艰苦卓绝的斗争,凭借着不怕牺牲、不畏苦难、艰苦奋斗的精神,战胜了日本军国主义。

现在,我已经长大成人,当年姥爷的抗战精神也被我传承了下来。虽然现在生活水平高了,但姥爷现在还经常教导我要踏踏实实做人,不要铺张浪费。

记得全家聚餐的时候,在餐馆内用餐,姥爷还特意叮嘱,吃饭不要浪费,够一家人吃就好,不能点那么多的菜。记得姥爷还回忆起抗战的时候,很多战士都没吃的,别说吃饱了,有点吃的就不错了。

现在正值抗日战争胜利70周年,我们这一代人不能忘记国耻,现在需要我们这一代人去传承这种艰苦奋斗、勤俭节约的抗日精神。

抗战魂，薪火传

牢记历史
勿忘国耻
在党的领导下
实现中华民族的
伟大复兴。

李书旺
2015.8.3

抗战胜利七十年，但战争从未远离！
我们要自强不息，珍爱和平，同心同德，
振兴中华！

2015.8.3.
抗战老兵李书旺的女儿
李燕

我是抗战老兵的后人，中华民族的崛起要靠我们每一个人，开拓、进取、
创新、担当。我是香后，我在这里！

李书旺之外孙
张硕
2015.8.3.

家风的传承——我们家鲜为人知的抗战故事

抗战民兵梁文奎家的抗战故事

文／龚棉　图／赵思衡

老兵讲述

▼ 民兵也是兵，随军辗转救伤员

　　我叫梁文奎，1925年8月2日出生在北京门头沟区洪水口村，今年90岁了。在我10多岁时，还过着受剥削的日子，每天要去山上种山地。后来日本鬼子到了我们村周边，1942

老兵档案

姓名：梁文奎
年龄：90岁
住址：北京市门头沟区龙门新区

年左右在我们村安下据点,我们的日子就更不好过了。

没多久,我们村里就出现了多名积极投身革命的共产党员。我耳闻目睹他们的言行,也很受感染,就投入到抗战中,加入了民兵队伍,在十六七岁时成了一名民兵担架队队员。

抗战早期,敌强我弱,所以我们表面上都得应付着日本兵,晚上才能去帮八路军办事。

后来八路军的力量逐渐强大,此后打起仗来,我们民兵的队伍就跟着八路军一直转移,一度到了昌平南口、河北怀来等地。

为了安全起见,我们都是白天在帐篷里睡觉休息,起来吃了晚饭,晚上七八点赶路,一走就是一宿,一走走个几十里地是很平常的事情。有的地区山路多,所以晚上走起来还是挺困难的。

那会儿不论八路军战士还是我们民兵,都顾不上害怕。有时战斗情况紧张,我们根本就顾不上用担架抬伤员,必须冲到战斗前线,把伤员背起来送走。还好,我和我本地的同伴在这期间都没受伤,但听说有外县的民兵因此受了伤。

有时候晚上没有出担架的任务,我们也会在别的方面尽量配合抗日工作。运送粮食也是我们的任务之一,50斤大米背在身上,一个村一个村地送。那时候我年纪

轻，个头儿也瘦小，战友们偶尔会让我少背点，但我都尽量和别人完成一样的任务。

▼ 胆大又心细，破坏铁轨助抗日

记得有一次，我们驻扎在河北怀来县，附近有一条属于日军的铁路轨道。入夜里头，我们先把铁轨的螺丝给拧下来，再人手一个木头杠子，插在地上去挪铁轨轨道。我们在怀来待了近一个月，除了有运送伤员的任务，其余时间都会去破坏这条铁轨。回忆起来那时候，觉得我们胆子也挺大，附近就有日本鬼子的岗楼，他们也有值班的人，打着探照灯不断地巡视。有时不够小心，探照灯照到我们的人了，紧接着日本鬼子就会再打照明弹，以便看得更清楚，随后射击炮弹。我们大家就赶紧朝黑的地方分散跑开，跑出去了就趴着，没有动静了还接着回来，继续破坏日军的铁道，破坏他们的兵力和物资运输通道。

子辈讲述

▼ 父亲言传身教，盼我真诚做人

我叫梁增霞，是梁文奎的三女儿，今年49岁，目前是门头沟区直机关工委常务副书记。

记得我小时候，父亲还挺爱说抗战和解放时的事，后来他年纪大了，说得越来越少了。我记得父亲说过，那时候他们缺吃少喝，还要夜夜赶路干活，但他却从不觉得自己做了什么值得说的事。

没有真正到部队里锻炼，父亲至今仍觉得遗憾。那时候我爷爷去世，家里剩下奶奶一个人，我父亲就守在村里，在奶奶身边陪伴、孝顺她。父亲告诉过我，如果不是因为家里的情况，他也早去部队了。

现在我在机关单位里工作，父亲虽然不常常念叨嘱我什么，但做人做事的准则，都在他以前生活的点点滴滴中传达给我了。我在很多单位工作过，甭管哪儿提起我，大家都说我是个真诚、仗义的人。我一点一点努力，干好自己分内的事情，就是像父亲说的那样，要做对得起自己良心的事，这样才能吃得下、睡得好。

> 孙辈讲述

▼ 姥爷艰苦一生，教我珍惜和平

我叫安子豪，是梁增霞的儿子，梁文奎的外孙，今年 26 岁了。小时候姥爷偶尔会给我们讲他当年的经历，但后来就没那么爱说了，现在提得很少。一些有关那些岁月的事情，我都是通过母亲知道的。

让我印象最深的，就是姥爷他们日夜颠倒、每日奔波，尽力做一些帮助抗日的大大小小的事情。其实他做的事情可能说起来很简单，但那种环境下，做起来也是需要很大勇气的。特别庆幸，姥爷在那时候没有受伤。

从我记事的时候起，姥爷就教育我做人要正直、厚道、真诚。小时候，和年纪差不多的女孩玩儿，每次一吵架，姥爷都会让我们男孩子让着女孩子，长大了更要多担当一些。有一次我不懂事拿了别的小朋友的东西，姥爷就特别严肃地教育我，让我完璧归赵。

这几年我也慢慢成熟，和很多家庭一样，老辈人的艰苦朴素、勤俭节约让我印象深刻，也开始理解了。姥爷他们经历过苦日子，好日子到来了也不忘珍惜，而我们如今的年轻人，往往没受过什么苦，却经常有人不满足。

在姥爷身边耳濡目染，我不敢说真的完全把他的精神学习到了，但他确实一点一滴影响着我。在帮助别人的时候，勿以善小而不为，面对困难的时候，就尽量多坚持一点点。

现在姥爷的身体还不错，在家养狗、养花，过得挺自在的。有时他还挺倔强，跟我妈说"我只要在一天，就尽量不拖累你们"。其实我们的想法都很简单，就希望他能健健康康的，多享受现在的好生活。

抗战魂,薪火传

愿抗战精神永远
激励子孙后代!

梁文奎
2015.7.3

铭记历史 传承文化

吴培蒇
2015.7.3.

继承先烈遗志
不断完善自我

安然
2015.7.3.

战到最后的老兵邵仁卿家的抗战故事

文／吕高见　图／谭青

老兵档案

姓名：邵仁卿
年龄：89岁
住址：北京市东城区崇文门大街

老兵讲述

▼ 目睹日寇烧杀抢，学徒坚定去参军

我叫邵仁卿，老家在山东招远市，1926年6月出生，1945年入党，今年89岁了，家里有7个孩子，我是唯一的男孩。我1944年3月参的军。1960年当科长时转业。我先后参加过抗日战争、解放战争和抗美援朝战争，经历过孟良崮战役、淮海战役和解放济南等多次著名战役。

1940年，我刚满14岁，在龙口市一家商店当学徒，负责日常杂货的出售，这样一干就是4年。那时日寇在城中横行，到处烧杀抢掠，欺压百姓，无恶不作。17岁那年，有一次，我亲眼目睹了一个老百姓被日寇抓去修炮楼，因为生病干不了活，被他们扒光衣服，吊在路旁大树上，最终被活活打死。有一个鬼子甚至用刺刀挑起一个小孩，举在空中狠狠地摔到地上。

每当看到有无辜同胞遭受日寇残忍杀害时，我心里就会升起一团怒火，想和他们拼命。当时一个强烈的愿望在我心里翻腾："我要弃工当八路，去打日本兵。"我回到商店，把想法告诉了老板，他先是一愣："当八路多苦，还不如当二鬼子。"老板接着又说："二鬼子有吃有喝，还能帮衬家里，多好的事啊。"

"我不想当汉奸，只有八路军才是人民的军队。"

看我意志坚定，老板只好同意。

回到家后，我把参军的想法告诉父亲，他没有反对，临行时只是默默地叮嘱我，到了部队好好干，不要想家，多杀日寇为国争光。

1944年3月，我加入了八路军的行列，成了胶东军分区招北独立营的一名战士，同时分到的还有一支土造步枪、9发子弹和4颗手榴弹。

▼ 英勇善战枪法好，形影不离战友情

入伍后，我记得认识的第一个人就是"大老宋"，他个子高，身材魁梧，说起话来大大咧咧，但做事谨慎，尤其打起仗来英勇善战，让人敬畏。

平时，我就跟在大老宋后面，跟他学拼刺刀，练枪法，他都是手把手地教我，从不会到懂，每当碰到危险时，只要有他在，都会化险为夷。那时我俩关

系特要好，总是形影不离，苦乐一起分担。

1944年8月，八路军山东军区胶东军分区在胶河以东地区向日伪军发动秋季攻势，我跟着大老宋第一次踏上了战争的征途。

记得那时我们班有8个人，我是副班长。那次战斗打响后，我们高喊"杀鬼子"，迅速向前冲去，双方展开混战。我面对的是一个高个鬼子，他嘴里也不知道嘟囔着什么，"呀呀"地叫着，明晃晃的刺刀冲我小腹扎来，我来不及多想，迅速反击。恶战了一会儿，我一不留神还是受伤了，被对方刺刀扎伤了大腿，鲜血直流。我咬紧牙关，迎着鬼子刀锋，我们的两把刺刀碰撞到一起，刺刀飞向空中。

我趁鬼子不注意，一把抓住对方枪身猛地一拉，把他抱住并摔倒在地，随后我拿出身上的手榴弹，"咚咚咚"狠狠地朝他头砸了3下，最后把鬼子活活给砸死了。老百姓在山头上看到后，一阵欢呼："砸得好！"

那次战斗我虽然腿上受点伤，但整体收获很多。那一战整整持续了一天一夜，共消灭鬼子800多人，同时缴获了3辆汽车，剩下的小部分敌人见状都四处仓皇逃窜。

▼ 良师益友弃我去，抗战记忆留心间

就在那场战争即将结束时，意外却发生了。

当时，大老宋兴高采烈地在我前面走着，不知从哪飞来一颗子弹，正好打中他的额头。

"不好，有敌人。"还没等我喊出声来，大老宋就倒下了，汩汩的鲜血往外流。我赶紧上前，一把抱住大老宋的头，跪在地上为他止血，眼泪不停往下落，任凭鲜血沾满军服。那时候，我并没顾及有危险，只是伤心地流眼泪，假如不是大老宋在前面挡了一发子弹，说不准牺牲的就是我。

我怕敌人继续破坏他的身体，绝不能让大老宋的尸体暴露在外，我当时就有一个念头，得把他埋了，但大老宋牺牲的地方到处都是石头，且他身体又重，我一个人弄不动他。没办法我只好把绑腿的布条解下来，一头绑着大老宋，拉着布条走了100多米，一步步把他拖到了山下。那时没有铁锹等工具，我就用手刨，等把大老宋遗体掩埋好后，我10个手指头满是鲜血，站在他坟前，我默默祝福大老宋走好，然后敬个军礼就走了。

那次战争，我不仅失去了大老宋这个良师益友，同时也失去了连长，还有同班的其他战友，"或许是因为我命大，全班最后只剩下我一人"。

由于工作出色，1945年我光荣地加入了党组织。

如今,我已是快 90 岁的人了,四世同堂,大儿子都 60 岁了。我身体还算硬朗,每天几乎都是早晨 4 点起床,平时除了到外面走走,还义务担任社区治安巡逻志愿者,看到不平事就要上前管一管。

虽然抗战过去了很多年,但我仍抹不掉那些片段,它们将铭刻在我记忆深处。直到今天,我还会时常想起大老宋,想到他牺牲的地方去看看。时过境迁,我又担心找不到,所以这个愿望一直没有实现。

`子辈讲述`

▼ 刚正不阿性耿直,勤俭节约惜幸福

我叫邵维平,1955 年 8 月出生,今年 60 岁,是邵仁卿的大儿子,现在国家图书馆负责后勤工作。从我记事起,父亲就经常给我讲他参加抗战的故事,尤其是他当八路军时出生入死、艰苦奋斗的爱国事迹,在我的工作和生活中,我都以他为榜样,可以说对我的影响比较大。

我的性格和父亲一样，也特别直爽，刚正不阿，有什么讲什么，凡事不喜欢藏着掖着，工作敢闯敢拼，不溜须拍马，有自己的观点。

父亲性格不仅直爽，他还特别珍惜东西。他常说，不要浪费粮食，要珍惜来之不易的幸福生活。所以不管在家还是在外面吃饭，我都"光盘"行动，吃多少拿多少。至今为止，我还保留着一个勤俭节约的好习惯。

除此之外，父亲每天还起得很早，经常是凌晨4点左右就起床了，到外面散步，锻炼身体。所以到现在父亲的身体一直很好，很少有生病的时候。

如今，我也已为人父，因为工作关系，加上平时比较忙，现在很少回家看望父亲，但时常会给他打电话，唠唠嗑，听父亲讲讲抗战的故事。

孙辈讲述

▼ 性情培养浸孙辈，热心节约示后人

我叫邵阳，1985年10月出生，今年30岁，是邵仁卿的孙子，邵维平的儿子，目前在一家互联网产品公司工作，负责市场推广。确切地说，爷爷可能没有直接教我做什么，但他对我的心性的培养，会影响我的一生。

山东人的爽朗，军人的正直，是爷爷对我影响最深的。还记得小时候，爷爷操持着一口浓重的山东话，跟我和妹妹讲述抗日战争的种种经历。虽然有时听不懂战争术语，但我们爱国、威武不屈的性格，自小时候就从爷爷那里养成了。每当平时工作遇到难解决的问题时，从小培养的不屈不挠的精神往往帮助我攻破各种难题。

另外，爷爷还是个热心肠，平时热心帮助邻里，同时也非常警惕，时不时会管一些干扰到居民区的人与事。平时爷爷不善言表，但凡事心里很清楚。另外，可能是因为贫苦出身，老人平日里的生活非常节省。他的理念很简单：浪费是可耻的！

爷爷是一位烹饪高手，因为年龄大了，也从烹饪一线退居二线，家庭聚餐时用他的经验指导我们这些后代。爷爷虽然年纪已大，身躯不像年轻时那样挺拔，但他的精神却影响着一代代人，并让后代继续发扬光大。

抗战魂，薪火传

治国忠郛共亨觉
抗日救国入路军

邵仁郛
2015年5月21日

希望：

国家强大，
　　人民富足。

邵维平
二〇一五年七月

向为了抗战胜利的先烈们致敬！

邵阳

一臂四弹孔英雄尹景洲家的抗战故事

文／钱卫华　图／蒲东峰

老兵讲述

老兵档案

姓名：尹景洲
年龄：91 岁
住址：北京市丰台区海户西里

▼ 积极带头来参军，战法灵活打敌人

　　我叫尹景洲，河北博野县东章村人，1924年10月出生，今年91岁了。我是1939年9月参军的，是冀中九分区三十三团（后改为九分区三十四地区队）一连六班战士。我在部队里当过副班长、班长，还有政治干事。那时候我年纪小，行动敏捷跑得快，论跑的速度我们班没有人快过我，所以指挥员的命令下到哪里我就打到哪里，战场上我不知道害怕，打起来速度比别人快。

参军的时候，我是村里的积极分子，主动报名参军，发挥"干部带头作用"，当时村里一共有9个人报名，都是半大的孩子，其中4人因为个子矮，部队没有接收，留下的是包括我在内的5个人。一到部队，我们5个人就分散了，很久后我才知道有一个同伴牺牲在战场上了。

1939年，从我参军那会儿开始，战争形势变得越来越严峻，部队就进山化整为零。比如，一开始我所在的冀中九分区，主要集中在河北任丘、博野、蠡县、高阳县等8个县范围内活动，但是化整为零后，就由九分区改成地区队了。平时我们穿着便衣，生活在老百姓家里，有句话说"最危险的地方最安全"，所以我们基本都生活在遍布敌人岗楼的村子里。我们在暗，敌人在明。白天，是敌人的时间；晚上，是我们的时间，我们和敌人打起"秤砣战""门帘战"。

"秤砣战"指的是我们因为缺枪少弹，就乔装打扮，比如化装成做小买卖的生意人，用秤砣当武器去夺敌人的枪弹。"门帘战"指的是我们平时就生活在敌人的眼皮子底下，白天养精蓄锐"猫"在藏身之地，只要敌人不发现我们，我们就不会主动掀"门帘"现身，除非是让敌人发现踪迹了。有一次，有个战友被进屋的伪军发现了，他立即打死对方，然后成功突围，沿着村里的河和伪军展开斗争。

▼ 伏击日伪突围战，一弹留下四弹孔

"子弹从右手虎口打入，从手腕处飞出，再由小臂处飞入，最后从肘部飞出。这颗子弹，瞬间在我的右胳膊留下4个弹孔，我当时正端着马步枪向敌人射击，这是我在战场上距离敌人最近的一次，双方仅隔着两三米宽的护城河浴血交锋，时间是1943年3月26日清晨。"

时间倒回到1943年3月25日。按照部署，我们所在的部队赶到河北省蠡县南玉田村附近，准备伏击即将途经此地的一股日伪军。不过，当天敌人并未出现。休整一天之后，部队决定于3月26日清晨四五点拔营离开时，却被路过的另一股日伪军包围了。突

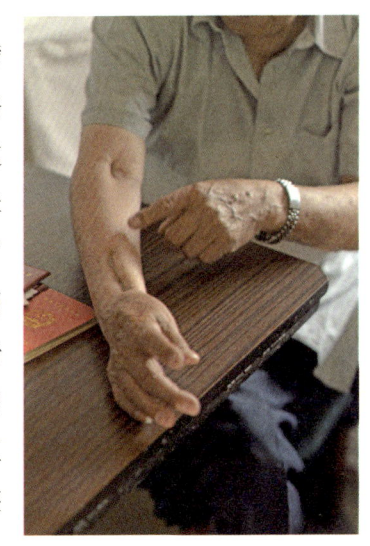

围战中,部队隔着护城河和日伪军展开激烈交锋。

借着河边一个破落茅房的掩护,我把身子藏在墙后面,伸出右胳膊端着马步枪向对面的敌人开枪射击。隔着两三米的河面,再算上破落的茅房,我和敌人的距离也就是四五米。突然,我趔趄了一下,右胳膊耷拉下来了,当时也没觉得疼,就觉得胳膊不管用了,地上全是血。战友接过我的枪接着射击,我自己用每人都有一个的卫生包简单包扎了伤口。这时,部队开始突围,我用左手托着右手腕冲了出去,跑出几里地在其他村子藏身之后,就陷入昏迷了,因失血过多,后来的几天几乎都是在昏迷状态之中。

因为缺医少药,子弹留下的贯通伤反反复复始终不能痊愈,甚至伤口里一度爬满蛆。一直治疗了一年多后,伤口才痊愈了,但是胳膊短了一截,留下坑坑洼洼的枪眼,我于1945年5月重新回到部队,但因右手端不了枪了,抗日战争结束后便回到老家村里工作。

▼ 兵力悬殊损失惨,军民拧成一股绳

至今让我想起来觉得最痛心的一次战斗,是我们连有好几个班牺牲了,而我们本来已经消灭了100多个敌人,大获全胜正准备撤离。

那是1940年6月的一天,我记得正是忙麦收的时候。我们冀中九分区三十三团出动了几个连,用"运动战"方式,在敌人经过的地方狙击他们。

那场战斗是从清晨四五点开始打响的,一直打到下午三四点,虽然是大平原,但我们借着道沟子等地形掩护,消灭了100多名敌人,几乎把敌人消灭殆尽,而我们自己仅有极少的伤亡。就在我们大获全胜,准备撤离时,从保定赶来增援的日军到了,来了好几辆车的日军,他们兵强马壮,而我们一人少的只有三四发子弹,多的也就五六发子弹,并且我们已经打了大半天了。后来的战斗中,我们伤亡惨重,仅我们连,除我们六班只有班长牺牲外,四班、五班都是全都牺牲。

那时候，我们打仗的日子是真的苦。最开始当兵的4年，我都是和衣而睡，有时就是打个盹而已，没有脱了衣服踏实睡过一个好觉。有一次，连续两个月每天都是行军，40里内不休息。现在回想起来，部队化整为零，我们穿着便衣在村里生活时，真是得到了老百姓的照顾和维护，他们和我们完全一条心，和我们拧成一根绳，是豁出命来维护我们，当时如果没有他们，我们寸步难行。比如我自己，当时我藏身在一个叫景庄的村子里，白天就躲在一个村民家的地下室里，他们按时送饭给我吃，照顾得非常细心。还有一次，汉奸队在村里发现了伤病员的痕迹，就折磨村民让他把我们供出来，可汉奸队把村民的腿刮得都露出骨头了，村民咬紧牙关就是不说。

子辈讲述

▼ 工作敬业口碑好，贴心养老孝德传

我叫尹素瑞，是尹景洲的二女儿，我今年58岁了。爸爸参加抗战时的经历不怎么和我们说，我们小时候知道得也不多，但就觉得爸爸对我们的教育和别人家不一样，他总是要求我们姐弟仨要上进，上学时要认真努力，工作了要认真负责、积极入党。

1977年，我高中毕业就参加工作了，1983年开始在全聚德和平门店工作。那时候我是餐厅班长，每天早来晚走，提前半小时到岗做准备工作，下班根本就没个点儿，我们餐饮服务行业的特点就是这样，没有惊天动地的大事，大多是些琐碎小事。父亲常常和我说，干活别偷懒，要高标准要求自己，向党组织靠拢，所以我在工作中绝不懒，每天不但自己认真做好每项工作，还要求服务员都高标准做好自己的工作。如果遇到客人投诉服务员的服务质量，我一定会专门上门去道歉。

我一直工作到2002年，之后选择内退回家照顾生病的母亲。母亲去世之后，从2004年开始，10年来我专职照顾老父亲。其实别说我们子女，就是我父亲自己，用离休工资也雇得起保姆照顾生活起居，可是再好的保姆，也比不上子女贴心。我抛家舍业地专职照顾父亲，让我的姐姐和弟弟特别放心老父亲的生活，而且幸好我的丈夫也支持我的选择。

我平时就和父亲相依为命，每天早上一睁眼，就琢磨一天要给父亲做什么饭，做饭要讲究一个"软"字；父亲每天要吃的药，我都提前准备好，然后按点提醒他吃；几点给他吃水果，吃的时候要控制数量；他要看的报纸得给他递到跟前；到了锻炼

尹景洲与女儿尹素瑞的合影

的时间,就得提醒他出门遛弯;晚上该休息了,我也得提醒他。老人有时候就是个"老小孩",碰上爱看的电视,他就想多看会儿,我就得管着他些。这些事看起来很烦琐,但是我习惯了,就像有惯性一样,一到点我下意识就知道该做什么了。也因为此,在北京市万名"孝星"评选活动中,我曾被评为"孝星"。

现在,我的父亲心态很好,生活作息特别有规律,尽管已经91岁了,可是人很精神,耳不聋眼不花,气色红润,思维清晰,每天下楼要和老伙伴们聊个天。我就觉得,我现在最大的任务就是照顾好我的老父亲。他们那一辈的精神,我和我们的后代都会铭记在心,并传承发扬下去。

孙辈讲述

▼ 艰苦朴素育后代,潜移默化继美德

我叫陈静,1983年出生,今年32岁,是尹景洲的外孙女,尹素瑞的女儿。我从小跟随姥爷姥姥生活，平时称呼姥爷为"爷爷"。小时候，我听过爷爷的故事，但并不是很多，爷爷并不是一个擅长表达的人，他提起的往事不多，但他胳膊上留下的枪伤，对我来说，这本身就是一个故事。爷爷对我的影响特别大，现在想起来，这些影响都是潜移默化的，在我的生活里打下了烙印。

从小我就觉得我的爷爷和别人不一样，比如我的爷爷特别艰苦朴素，他穿的衣服一次次打补丁，袜子破了他自己动手补，爷爷有一件"老头衫"，穿得都快薄的透明了，还不舍得扔掉。小时候的我，对此深不以为意，觉得又不是买不起新的，干吗要这样？有一次，我把运动鞋穿坏了，就想扔掉再买一双新的，结果爷爷悄悄给我补好了，我还找理由说补的地方穿得不舒服，坚持买了一双新的。现在想起来，特别后悔这件事。我长大之后，发现自己在这一点上深受爷爷的影响，日常生活中，我非常注意节约用电用水，在单位里节约用纸。这可能会让一些"90 后"看不惯，就像当年我无法理解爷爷一样，可是我觉得自己就是这样继承了爷爷的一些精神。

我大学毕业后，进入新华社工作，是新华社国际部的一名编辑。平时的工作是处理国外分社发回来的国际新闻稿件，以及向国外分社的记者约稿，有时候我也会采写一些新闻稿件。目前主要负责处理深度报道的稿件，每天平均编辑 1 至 3 条的稿子。和爷爷一见面，他就对我说："工作上一定要认真负责，不要想着多得到一些什么，应该是想着多付出一些。"我觉得爷爷就是这样的人，他没有强求得到更好的待遇。

我的工作确实要求非常严格，哪怕只是一字之差，甚至可能只是一个标点符号或者一个数字，就会造成非常严重的后果，所以需要一遍一遍不厌其烦地去核对。有一次，国外分社发回来的稿件里提到一幅画，只提到了画的名字，我出于好奇就搜索了一下，结果发现不适合报道，因此避免了出现重大的失误。如果作为新华社的通稿发出去之后，全国的媒体使用并且付印了，那么后果非常严重。因此，我的工作非常需要认真踏实的精神，就像爷爷平时总要求我做到的那样。

爷爷让我自豪，其实现在爷爷也为我自豪。他虽然嘴上不说，但心里很为我高兴，总是鼓励我好好工作。我想，爷爷的精神不仅我会继承下去，我也会把他的故事讲给我的孩子听，让老一辈的精神一代代传下去，发扬光大。

抗战魂，薪火传

没有共产党就没有我们现在的幸福生活

尹景洲
2015.7.

铭记历史　真①爱和平

尹素端
2015.7.

从抗战精神中汲取力量，为实现中国梦昂扬奋进。

陈静
2015.7

---

① 应为"珍"。——编者注

家风的传承——我们家鲜为人知的抗战故事

吃沙子米饭老兵张韶家的抗战故事

文／黄海蕾　图／范继文

老兵讲述

老兵档案

姓名：张韶
年龄：91 岁
住址：北京市顺义区港馨东区

▼ 艰难困苦全不怕，但把日寇赶出家

我叫张韶，1924年9月生人，家住顺义区南法信镇。参军之前，我在本地大地主张英家扛活放猪。1945年3月，村里来了部队，二区长叫吕林，招新兵打日本鬼子。以前听村里人说部队很苦，吃的饭还不如家里，整夜不让睡觉，天天把脑袋别在裤腰上过日子。但我想，如果不打跑日本鬼子，家里早晚会没饭吃。

听到招新兵的消息，我偷偷从地主家跑了出来，直接找到吕林，我连家里人都没来得及通知，就跟着部队来到平谷、天津蓟县一带的冀东十四分区参战。

来到部队才知道提着脑袋过的苦日子可名不虚传，刚入伍不久，我就听说吕林的弟弟吕分（音）被日本兵用刺刀挑了，日军连全尸都没给留下。那时候我才感觉到，死亡离我们有多近，甚至可能连回家看一眼爹娘的机会都没有了。

部队平时吃的是沙子米饭，菜是4瓣咸萝卜，米饭一入口咯吱咯吱直响。吃饭没有热水，我就从水沟里舀水把沙子米饭泡在碗里，等沙子沉底了再吃。睡觉没有固定场所，有时凑合在野地里，有时在老乡家。那时候睡觉从来不脱衣服，手榴弹不准摘，就是抱着枪眯一会儿。躺地上还要耳听八方，一有动静立即起来战斗，从来没睡过一个囫囵觉。

吃不好、睡不好、提着脑袋活，这就是我们打日本鬼子的艰苦日子。但那个时候不觉得苦，心里总有个信念：只要能把日本鬼子赶走，死了也是值。

▼ 游击战中险"爆头"，歪帽子躲一劫

入伍后，我正赶上部队和日军打游击战。一般是夜间作战，吕林带领整个分区部队大约500名战士走到哪儿，打到哪儿，见到敌人就打，为了保存实力，打完就赶紧隐蔽起来。

当时我军武器普遍落后，一个班12名战士只有6支枪，其余每人12颗手榴弹。日军人持一支三八大盖，火力足、打击迅速。武器差距较大，这也是我们采取游击战术的重要原因。

为了便于管理和作战，500人的分区部队分成不同的小区分队，我在其中一个，由10余人组成。我们小区分队活动都在一起，统一由班长指挥。

一天下午，我们小分队行动至河北三河一带，在百米开外,我们看到一队日本兵远远走过来,班长指挥我们迅速找遮挡物趴下作战。但是当时时间太短根本来不及掩护,战士们趴下就开打。结果,还没等我的枪上膛,一颗子弹就从我右侧脸颊飞过,再近两三厘米我可能就没命了。幸亏我当时歪带着帽子,敌人没瞄准。之前,我们班长就教战士们,一定不能让帽檐正对额头,要给敌人瞄准造成迷惑性。

游击战拼的就是速度,趁敌人反应不及,找到隐蔽区偷袭。一旦对方也找地方隐蔽,双方相互看不到,我们就得赶紧扔颗手榴弹撤退。有一次,我险些丧命,当时因为遭到日军隐蔽区的人偷袭,我正在瞄准一名日军,但遭到另一人的打击。

就这样我们打一仗换一个地方,一直打了5个多月的游击战,终于迎来日本投降。

子辈讲述

▼ 不惧困苦,踏实做人

我叫张国利,是张韶的长子,1957年生人,今年58岁,在顺义一家针织厂当司机,同时也负责装卸工作。这份工作我已经干了35年,再有两年就退休了。很多人可能觉得30多年干一样的活儿很枯燥,但我做这份工作却很开心。就像我的父亲,他赶了四五十年的马车。

1948年,他因伤退伍,回家后一直以赶马车为生。拉过煤炭、运过粮食,再大的雪,再差的路,父亲一定稳稳地、保时保质地把货物送到。起初,父亲只是给主顾赶车,按月发工资,后来,主顾看我父亲是个实在人,直接让我父亲的车入股,两人还成了拜把子兄弟。

父亲常对我说,能用自己的双手养活家人就好,做事情踏实、认真,总有人会欣赏你。其实,正是因为父亲的踏实、实在,得到很多战友的钦佩。记得我年轻时,父亲在部队的一位老领导来到地方任职,他喜欢父亲的踏实,几次邀请他聚聚。但父亲一直婉言谢绝,他说,自己帮不上人家,也不想给人家添麻烦。

父亲就是这样,一辈子清贫,不求人,踏踏实实干自己的事,养活我们一大家子。这一点,我很像父亲。有人问我干的工作苦不苦,苦和累肯定都有,但我觉得这是人生的经历。就像我的父亲,曾经征战沙场,曾经风雨兼程,但他把这些当作人生的历练和收获,他说有这一切很知足。

孙辈讲述

▼ 艰苦奋斗，身体力行

我叫张旭，是张国利的儿子，1983年生，今年32岁。我爷爷不爱说话，每每缠着他给我讲打仗的故事时，爷爷总是讲得索然无味。从扫射的机枪下逃生的震撼经历，爷爷三言两句就能说完。

爷爷不善言传，但他身体力行，为后辈树立了艰苦奋斗、勤俭节约的榜样。我爷爷赶了大半辈子大车，凌晨3点就起床，晚上七八点到家，临行前背几块窝头或者馒头用于白天充饥，大冷天没有热水喝，爷爷就干啃几块窝头。"当兵的能吃苦，我不怕。"遇到难事儿，爷爷经常这样讲。父亲也常常告诫我，做人做事要踏踏实实的。

以前，我曾经在电信公司跑业务，经常是一个客户沟通两趟三趟还谈不下来，有时候真想放弃。但转念想想，比起爷爷打仗、赶大车的艰苦，我们现在的困难又算什么？所以心里就有了一股劲儿，必须把单子跑下来。

现在，我在首都机场开摆渡车，还要装运行李。比起坐办公室、跑业务，机场的工作可能更艰苦，冬天下雪、夏天曝晒或者下雨，我们都得在室外坚持工作。但是我不怕，就像我爷爷说的，没有吃不了的苦。

爷爷节俭，不然也不能养活我们一大家子人。现在爷爷90多岁了，还是不舍得吃不舍得穿。前两年，我妹妹结婚，要给爷爷买身新衣服，爷爷执意要穿他的老军装，说好看又干净，不必花那冤枉钱。

在家时，我看到儿子因为小事哇哇大哭，或者挑食、浪费食物时，我都会搬出爷爷的例子来。由爷爷、父亲做我们后辈的榜样，相信我的后代也能学会艰苦奋斗、勤俭节约的精神。

> **抗战魂，薪火传**

战争是残酷的，和平来之不易，要珍惜现在的和平生活。

——张韶

（亲属代书）[1]

我们经历过困苦的生活，到现在生活富足了，我觉得父辈们的革命精神应该一代一代的[2]传承下去。

——张国利

（张韶之子，亲属代书）

成长于和平年代的我，是听着爷爷的抗战故事长大的，老一辈的革命烈士，用鲜血和生命铸就了我们现在的和平生活，铭记历史，守护明天，是我们这一代人应肩负起的历史使命。

——张旭

（张韶之孙）

---

[1] 张韶老兵及家人为表对该书及签名的重视，为使文字更加美观，特委张韶之孙张旭代祖父及父亲书写抗战感言。——编者注

[2] 应为"地"。——编者注

第五篇章

乐于助人
诚实友善

妇救会成员杜宏荣家的抗战故事

文/吕高见　图/谭青

老兵档案

姓名： 杜宏荣
年龄： 93 岁
住址： 北京市门头沟区清水镇洪水峪村

老兵讲述

▼ 自告奋勇参加妇救会

我叫杜宏荣，北京门头沟区人，1922年12月出生，1938年入党，今年93岁。年轻时我加入妇救会，虽然没有参过军，没读过一天书，但却和八路军结下了深厚情谊。

17岁那年，我结了婚，丈夫是村里的青年队长。那时，日寇四处烧杀抢掠，村民们躲在远处的山洞，不敢出来，我眼睁睁地看着凶残的日本鬼子把大家仅有的财产和房屋烧毁。看着各自熟悉的家园变成一片废墟，村民们强忍着眼泪，却不敢下山扑救。那时我对敌人的仇恨与日俱增，刻在心里。我本来想去参军当八路，和日本兵战斗的，但最终因为种种原因，没能如愿。

看着八路军少衣少鞋的，我心里就不是滋味，能尽我一份力量为八路军做点事，我就满足了。后来经过打听，才知道有一个组织叫妇救会，我就自告奋勇参加了妇救会。"妇救会"就是"妇女救国会"的简称，在中国抗日救亡运动的高潮中，妇女纷纷组织成立妇救会。

对于我的想法，家人都很支持。而我当时的主要任务就是为八路军送军鞋、军服等军需物资。

那时候，老百姓白天在家做衣服、鞋子，碰到鬼子来了就躲起来，等他们走了就继续做。到了晚上，我就负责挨家挨户取回来，趁着天黑，一般都是七八点，最晚到深夜11点多，把物资装进篓子，为八路军送去。近一点的距离还好说，如果碰到远的，中途就会遭遇鬼子。

▼ 舍命为八路军送物资

在为八路军送物资的时候，鬼子时常出没，我不敢走大路，专挑小道，钻树林，碰到敌人就和他们打"游击战"，这不仅需要头脑灵活，还要腿跑得快。有许多次，我都差点被他们残忍杀害。那时，虽然个头矮小，但我意志坚定，舍命为八路军送物资，每次都能圆满完成上级交给的任务。

1939年10月，一天夜里，由于特殊原因，我一个人背着40多斤重的军需物资，准备为15里外的八路军送去。记得我刚出发不久，就在小树林里听到了鬼子说话声，借着月光望去，仿佛鬼子发现了我似的，一队人员正向我走来。当时我就想，如果被发现，后果不堪设想。自己的生命不重要，重要的是篓里还有送给八路军的物资。

于是，我赶紧藏到一块大石头后面。一个鬼子径直走过来站到石头上，"哇哇"地一通乱叫，嘴里不知在说什么。子弹向树林里不停扫射，吓得我屏住呼吸，一动也不敢动。我觉得鬼子眼是直的，不拐弯，怎么说呢？稍微往后一转头他们就能看到我。但幸运的是，我却躲过了那一劫。

可危险不只这一次。鬼子走后，我整理好东西继续赶路。就在快要到达目的地时，不知鬼子是从哪儿冒出来的，一发子弹从我头顶飞过，如果再低一点我就会被打中额头，吓得我赶紧钻进旁边的树林，消失在夜色中。

就这样，我一路上碰到日本兵就躲躲藏藏，最终把物资安全送给了八路军。

▼ "就算死也不能被活捉"

作为一名妇救会成员，平时除了送军鞋、军服等物资外，我还为八路军挨家挨户地找过小米和鸡蛋，在他们需要帮助的时候，为他们送去温暖。

鬼子可恶，但汉奸更可恨。有时，汉奸和鬼子串通一气，杀死了不少无辜的人。我记得那时候，我在房山住了一个月后，有一天晚上回到村里，有人对我说："回来干啥？小心把你抓起来。"并私下告诉我，村里有汉奸，我回来后，只要一有风吹草动他们就会知道。"还是躲一躲比较好。"村民一句善意的提醒，吓得我在房后面躲了一晚上，在大石头上整整坐了一宿。

还有一次，我亲眼目睹了一位年轻母亲，怀里抱着一个三四岁大的孩子，在拼命向前奔跑，想躲过鬼子的杀戮，最后，没想到，却被鬼子一枪把孩子打死在怀中。那个母亲哭得死去活来，当时，我躲在路边的沟里热血沸腾，几次都想冲上去，和鬼子血拼到底，但最终也没有上前，因为我不想做无畏的牺牲，以后还要为八路军送物资。

鬼子的罪行其实远不止这些。一个老百姓被鬼子抓到后，挂到树上扒光衣服，被活活地打死；还有一个人，被鬼子用刺刀往身上扎了10多刀，现在回想起当时的情景，仍然感觉惨不忍睹。

"就算死也不能被活捉。"那时，我就暗下决心，如果有一天被鬼子抓到，就和他们拼了,坚决不能让他们活捉。有种想法一直提醒着我,那就是在妇救会工作时要小心谨慎,不能出半点差错。

子辈讲述

▼ 待人真诚,传承光荣传统

我叫刘广兰,是杜宏荣的二女儿。1955年3月出生,今年60岁了。我母亲参加妇救会的故事,她经常给我讲,现在我都能背出很多来。那时候,母亲个子比较矮,没上过一天学,但她对工作的态度和舍命为八路军送物资的事,却值得我们晚辈学习。

母亲一辈子没上过学,却对我们管理严格。她经常教育我们,要好好学习,将来做一个对国家对人民有用的人。如果我们兄弟姐妹不努力读书,她就会很生气,甚至责罚我们,用尺子打我们的手。那时我很怕母亲,所以学习成绩一直是班里的

杜宏荣与女儿刘广兰

前几名。

母亲为人真诚，左邻右舍关系都很好，有时家里做好吃的，她都会叫邻居来吃饭，以她的真诚换别人的真诚。受母亲影响，我以前不论是在单位工作还是退休后，从没有和别人吵过架，没闹过别扭，这和母亲的言传身教有很大关系。

现在我退休在家，母亲和我们生活在一起，我每天陪伴她老人家，一有空闲，她就会讲她过去的事情，讲到精彩处，还特别的激动。

说心里话，母亲对工作的态度和舍命为八路军送物资的事，影响了我这一代人，我会将她的精神继续传承下去，发扬光大。

孙辈讲述

▼ 踏实工作，对党无限忠诚

我叫彭丽丽，1982年2月出生，今年33岁，是杜宏荣的外孙女，刘广兰的女儿。记得小时候，放暑假回家经常和姥姥聊天，一聊就是很长时间。姥姥是一名老党员，她给我印象最深的就是对党的无限忠诚。虽然都是一些小事，但她对我的影响很大。受她的影响，我在读大三时，就加入了党组织。

现在我是一名机关公务员，虽说生活富裕了，不像姥姥那时没有吃的和穿的，受了不少苦，但姥姥还是经常教育我们，要节约，饭要吃干净，还有平时的开销也不能大。我从姥姥那里学到更多的是以苦为乐，在工作和生活中，做到不浪费，不和别人攀比等，树立正确的人生观和价值观。

平时除了踏实工作外，我还会尽自己的力量帮助别人。比如，有同事的脚扭伤了，我就主动上前给她打饭，帮她做些力所能及的活儿。有同事家里有事，需要请假替班，我就积极地顶上去，所以在单位我的人缘比较好，受大家喜爱。

现在由于工作繁忙，加上离家较远，一周能见到姥姥两次，我觉得很幸福。她老人家是90多岁的人了，身体还行，脑子还没糊涂，说起话来清楚易懂。我爱我的姥姥，我希望她能够长命百岁。

抗战魂，薪火传

今天的好日子来之不易，不要忘记过去的苦，要知足，要珍惜。

杜宏荣[1]

2015.7.16

向母亲致敬

牢记历史，勿忘国耻。

二女儿 刘广兰

2015.5.25.

牢记革命前辈的嘱托，诚实做人，踏实做事，为实现祖国的伟大复兴贡献自己的力量。

彭丽丽

2015.7.18

---

[1] 杜宏荣老人没上过学不认识字，此为家属代书。——编者注

游击班长郭继增家的抗战故事

文／刘雪玉　图／范继文

老兵档案

姓名：郭继增
年龄：91岁
住址：北京市密云县四合堂村

老兵讲述

▼ 游击队长举荐后参军

我叫郭继增，1924年11月出生，今年91岁了，1943年，我19岁的时候当兵，1944年入党。当时，村里加入游击队的人不多，一共有7人，我就是其中之一。我最早是被村里派到公安队，后来才参加的第八区游击队。当时游击队的队长想让我来当兵，我就跟着一起来了。1953 年，我因为身体原因退伍了。后来我在人民公社当过宣传委员。

1943 年，我们游击队总共有 30 多人，而活动在那个区域的鬼子当时人数比我们多一倍。有一次，我亲眼看到，老百姓被日本兵圈到河边，拿着枪一个个地打死了。他们见到老百姓就打，根本不问原因。日本兵来的时候，我们都住在山洞里，有时候一周都没办法出来。村里有的老百姓因为饿出去找食物，被日本兵抓到，就没命了。

▼ 曾被日本兵抓去修"人圈"

那时候，鬼子抓村里的男丁修"人圈"，我就被抓过。日本兵当时要打造"无人区"，为了防止老百姓和八路军联系上，就在我们那儿修人圈。人圈其实就是一个特别高的墙，墙修好了，就把老百姓都赶进去，围堵在里面折磨大家。因此，大家都不愿意修人圈，去干活也是被逼无奈并希望能修慢一点。我们经常是修一点拆一点，工程一天都没有进展，就是不愿意给他们干活。

四合堂村的人圈当时圈了 100 多户，白子庙村和西湾子村也都修了人圈，都是圈了百余户。被抓到人圈里的老百姓几乎不能出门，当时粮食又不多，老百姓根本吃不饱饭。在人圈里，老百姓丧失了做人的权利。

圈进人圈的老百姓，每天都要被强迫服役干活，还经常遭受凌辱。而且，鬼子不让老百姓关门，这些鬼子经常随意闯入百姓家侮辱妇女，甚至连还没有长大的小孩子也不放过。我就亲眼看到，村里面不少的妇女，不愿意被鬼子欺负，服毒或上吊。

并且，人圈内的所有粮食都归鬼子，不让老百姓私留和买卖，否则就会对老百姓进行处罚。村里当时有个小伙子，就是因为太饿了，偷粮食吃，被抓住活活打死了。

也正是因为日本兵的种种恶行，让我太痛恨他们，我当时参加了第八区游击队，就是准备跟日本鬼子拼了。

▼ 砍伤鬼子缴获 40 把手枪

因为要配合大部队打仗，我们没有固定住所，都是住在山洞里。一次在西湾子村打游击战，我遇到一个鬼子，当时他要用刺刀扎我，我把他推倒了，拿刀一刀砍伤他，他伤得不轻，赶紧跑了。他走了之后，我牵走了他一头毛驴，毛驴驮的全都

是手枪,所以我缴获了40把手枪。我特别高兴,我们队终于又多了几把手枪,后来我把这些手枪都上缴到游击队,一个队的战友都高兴了好一阵子。因为这,我还被提拔成班长。

当上班长之后,我就带领大家一起打游击战,和我一个村的战友就是在打游击战的时候牺牲的。当时,鬼子的人数比我们多,手枪也多,我们只能硬拼。当时鬼子开枪直接打战友脑袋上了,战友当场就不行了。就是因为当时亲历了太多,我一想到日本鬼子,就非常痛恨。

1953年,我因为脚受伤,走路特别不方便,领导看到我的身体状况,就让我退伍了,让我回家好好养病。现在新中国成立了,时代不一样了,我们也终于过上了好日子,退休后,我每个月有生活费,家里的生活也有所改善。我其余的战友们,现在有的退伍后去了天津工作,有的退伍后去了河北工作,也和我一样儿孙满堂,生活幸福。我时常会对我的孩子们说,历史不能忘,要珍惜我们现在的生活。

子辈讲述

▼ 感念抗战，认真踏实

我叫郭立林，是郭继增的儿子，今年62岁了，我以前在密云县城上班，现在已经退休了。以前我和我爸交流不多，我爸做事特别认真，认老理儿。因此，只要是我犯错误了，肯定就被他一顿数落，所以我特别怕他，不爱理他。

那时候，他总是给我讲他当年参军打仗的事情。当时，我还不太了解，也不太关心。因为我爸特别爱看抗日题材的电视剧，我们全家就都陪着他看，有时候他看抗日题材的电视剧，自己也掉眼泪。这时候再听他讲这些抗日的故事，我慢慢也能体会到爸爸的心情，就感觉特别自豪，为有这样一个父亲感到骄傲。

受我爸的影响，长大后，我做事也更加认真。我在工作期间，经常被评为"优秀员工"，我也会跟自己孩子讲，要向爷爷学习，做事情就是要认真、踏实。同时，要永远铭记历史，不要忘了日本侵略者曾经给我们带来的苦难。

重孙讲述

▼ 珍惜现在，刻苦攻读

我叫郭健，是郭继增的重孙子，今年16岁，在县里上高中。我从小在太爷身边长大，我爸妈上班比较忙，我经常住在太爷家里。太爷现在身体不好，平时他养的羊和鸡都是我在喂。我小的时候，他就总给我讲他抗日时期的故事，好多战友的名字，我也总听他念叨。

我太爷总是让我在学习上多下功夫，总是告诫我们，现在的生活来得不容易，要珍惜。虽然太爷不是很善于表达对家人的感情，但是我们都知道，他是为我们好。所以即便他总是念叨我学习上的事情，我也一直虚心接受，从不嫌烦。

还有两年，我就要考大学了，家里人都希望我这辈儿能出来一个大学生，我也在努力学习，争取给太爷和家人交一个满意的答卷，不给太爷丢脸。

> **抗战魂，家风传**

郭老先生的经历虽不是可歌可泣的史事，但是这样有血有肉、有消有恨的人生更令人动容。我们应铭记抗日反法西斯历史，弘扬爱国精神。

北京市工商行政管理局·怀柔分局
刘东宁
2015年8月4日

家国天下事，日军侵华残暴凌辱妇女的历史记忆都不容抹杀，我们始终坚持不忘国耻，正视历史，维护正义。

北京市怀柔区杨园北区第三居民委员会
赵淑清
2015年7月4日

曾被日本人抓去修"人圈"这段历程满含痛苦甚至是绝望，抗日艰难百战多，我们年轻人应格外珍惜如今来之不易的和平。

北京青年政治学院学生
刘永淼
2015年8月4日

永不退缩的守营兵刘庆堂家的抗战故事

文／吕高见　图／王苡萱

老兵讲述

老兵档案

姓名： 刘庆堂
年龄： 95 岁
住址： 北京市房山区十渡镇九渡村

▼ 要饭途中遇八路，机灵精神当上兵

我叫刘庆堂，北京房山人，1920年出生，今年95岁了。10多岁的时候参的军。1941年退伍。我曾在宣化、龙关、华北地区战斗，采用游击战术，机智勇敢地与日寇展开殊死搏斗，后在桃花战斗中负伤。

我家兄弟4人,我排行老三,那时家里穷,我就到处流浪要饭吃。有一天,在讨饭路上,我碰到了两名八路军战士,他们看我年龄小,却机智,很有精神,就问我:"那么小年龄,怎么出来要饭吃,想去当兵吗?"我眨了眨眼睛,抬头望着他们。"当兵,当兵谁要我?"我笑了笑。两个战士见我挺可爱的,耳语了一番,然后说:"如果想参军,走吧,跟我们到连部找连长去。"

"小伙子还行,一看就是好兵苗子,就是个儿有点小。"连长见到我,上下打量一翻,不住地夸奖,"不过以后还会长个儿呢。"就这样,我在要饭途中加入了八路军队伍。那时,连长负责伙食,随后,他把我领到伙房,跟管伙房的班长说:"留你们这儿吧,帮忙打个下手,有什么活儿让他干。"连长让我试试能干啥活儿,随便挑选一种。那时由于我年龄小,身上没多少劲,挑水挑不动,劈柴又干不了,连长最后发话:"跟我走吧,当个勤务员。"

▼ 子弹左手腕穿过,忍痛战斗不退缩

1938年12月,赤城龙关,那一次战斗打响后,我记得当时敌人来势凶猛,当发起全面进攻时,我们高喊:"冲啊,前进!"每人摩拳擦掌,都争着向前冲。那时候,别看我个子小,却不甘落后,右手提着枪,身上背着手榴弹,也总是冲在最前面。

那场战斗异常艰难,敌人人多,我们人少,不能硬碰硬,只能采取游击战术,打一枪换一个地方。就在我跑着进攻时,突然从侧面飞来一颗子弹,正好击中我的左手腕,从左侧穿到右边,差一点要了我的小命,当时我"啊"的一声,再一看鲜血顿时冒了出来。那时,我顾不得多想,弯腰一把就把绑腿的布带扯下来,一圈圈缠到手腕上,打了个活结,一头挂在脖子上,让左手悬在半空,继续战斗。战友们都劝我找卫生员包扎一下,或者休整,我没有理会他们,正缺人手的

时候，关键时刻，我怎能退缩。

轻伤不下火线，我忍着疼痛继续战斗。那一场战斗打了两天两夜，具体打死了多少敌人，我自己也记不清了。

▼ 无奈劝民去撤退，心软不忍见落泪

那时候，打仗对我来说并不可怕，怕的是劝说老百姓撤退。有时鬼子来临之前，接到内部人员的通风报信，我们都要积极做老百姓的撤退工作，劝说他们离开。很多时候，都是上了岁数的老人，在一个地方生活了几十年，他们很固执，突然让他们选择离开，有的接受不了。

"命都没有了，还要家干吗？"碰到说不清道理的老人，我们也很着急，一方面，鬼子会很快到达村庄；另一方面，老百姓不走，等于没完成上级交给的工作任务。有时只能软硬兼施，嘴皮子都磨破了，也不管事。如果实在不听劝说，就只能强制把他们推走，不管老人如何反抗，其实这样是对他们好。鬼子烧了我们的家园，还可以重建，但人没了，就再也回不来了。

其实我心软，见不得老人流泪，也不适合干那样的工作。老人舍不得自己的家园，满眼含泪一步一回头，我也跟着抹眼泪。

▼ 打仗各有各分工，"守摊"也能尽职守

除了打鬼子外，很多时候我都是在家留守，用那时的话来说，就是"守摊子"。那时我们是三三编制，一个营有三个连，一个连有三个排，一个排有三个班，我当时在三班，数我年龄小。部队上前线打鬼子，一般都会找3至4个忠诚、老实、心细的人守营，很多次，我都名列其中。

有一次部队又集合，临时有任务出去打鬼子，在空地上一点名，没我名字，当

时我就急坏了。解散后,我就问营长:"我也想去,怎么没我名字?"营长看了我一眼:"你不知道?不是让你看摊子吗?""我才不想看,我要打鬼子。"营长生气地说:"上前线有什么好处,弄不好丢了性命。警惕点,别丢失东西,别让鬼子抄了窝子就行。"没办法,又一次留守,我拉着长长的脸回去了。

虽然每次我都不愿意留守,但真正看摊子时我也会尽心尽力,确保不出现任何问题。

> 中国抗日战争的胜利,是用无数抗战
> 先烈的鲜血和生命换来的,代价无法评说,值
> 得人们珍惜。
>
> 红色江山万岁,中华人民共和国万岁,
> 抗战先烈永垂不朽。
>
> 刘庆堂
> 2015年6月18日

子辈讲述

▼ 诚实做人,在平凡岗位上立功

我叫刘广会,1955年1月出生,今年60岁,排行老三,上面还有两个姐姐,我是刘庆堂唯一的儿子,在房山张坊一家医院工作,目前是一名主治医生。

很小的时候,父亲就常给我们讲他打鬼子的事,那时他最擅长的就是游击战,我和姐姐们就搬来凳子坐在父亲身边听他讲。

听得多了,我们就模仿父亲,拿着假枪四处捉迷藏,躲在角落里,打一枪换一个地方,玩得也不亦乐乎。

父亲正直,固执较真,教导我诚实做人。记得"文化大革命"时候,我十几岁,由于文化贫乏,当时我偷革命委员会的书看,没想到被父亲发现后,追上我就把我打了一顿。父亲教育我,即使没书看,也不能去偷,要诚实做人、做事。父亲那句话,我深深地记在脑海里,直到现在,我都是规规矩矩做事,踏踏实实做人,所以身边

有不少好朋友。

父亲还爱帮助人。每当看到村里有困难的村民,他都会把衣服、鞋子拿出去救济他们,不图任何回报。我也继承了父亲这一点,在工作生活当中,不管是我的朋友,还是我的病人,我都经常尽力帮助需要帮助的人。

如今,父亲已是90多岁高龄的人了,性格比较孤僻,他仍然闲不住,喜欢到处走走,有时坐下来看电视,碰到有抗战题材的影片或电视剧时,父亲就很兴奋,给我们比画他当年打枪瞄准的样子。

孙辈讲述

▼ 继承传统,做好身边每一件事

我叫刘端阳,1987年5月出生,今年28岁,是刘广会的女儿,刘庆堂的孙女,之前在一家幼儿园当老师,目前在家带10个月大的孩子。

爷爷很坚强,他的左手腕被子弹都穿透了,仍带伤坚持战斗,如今都落下了残疾,不敢干重活。对于这一点,我特别佩服爷爷,每当我生活中遇到困难,有翻不过去的坎的时候,我都会想起爷爷,当年他那么艰难都过来了,我还有什么理由过不去呢?那时眼前总是豁然开朗。

有一个参加过抗战的爷爷,挺自豪的,这种感觉从小学一直伴随我大专毕业,甚至以后的生活。不管是学习上,还是其他方面,我都会把这种自豪感化作动力,不断地充实自己,完善自己,严格地要求自己。

爷爷常讲,幸福的生活来之不易,要珍惜劳动成果,尤其是不能浪费粮食。看到家里谁碗里的饭没吃干净,他都会训斥一番,给做半天思想政治教育。末了还不忘加一句:"以后不允许这样了"。现在全家老小,都养成了俭省节约的好习惯。

我时常在想,家有一老如有一宝。的确,爷爷用他不平凡的一生,影响了我们一大家,甚至很多周围的人。

抗战魂，家风传

在战争年代虽不是横刀立马，但也是舍身亲敌。和平年代朴实道德的传承，愿这种传承影响我们这个时代。

北京铁路汇文印刷厂
于泽苹

保家为国①，人小志大。抗战精神，永远传承。

北京市海淀区西北旺镇韩家村社区工作服务站
何越。

历史的车轮滚滚前进，留下一道道深刻的痕迹。我们可以遗忘那些一面而过的陌生人，但我们绝不能忘记像刘爷爷这样的老兵，因为我们现在的美好生活，都是这些像刘爷爷这样的英雄，用自己的血肉打拼下来的。我不但能领略到他身上的一身豪气，而且折服于他教育晚辈的慷慨激昂和语重心长。他——一个坚强、朴实的老兵，虽然，不像董存瑞那样舍身殉国，但他在我心中，就是一个伟大的英雄。我不禁想向他说上一句话："感谢您所做的一切！"

北京市第十二中学
于淏辰

---

① 应为"卫"。——编者注

情报站长刘万付家的抗战故事

文／张然　图／王海欣

老兵讲述

▼ 胆大机灵当上侦察员

我叫刘万付,北京昌平人,1923年8月出生,今年92岁了。我1941年参的军,1949年3月退伍。我原来在部队上当侦察兵,当过平北军分区司令部情报站站长。我当兵的时候

★
—— 老兵档案 ——

姓名: 刘万付
年龄: 92岁
住址: 北京市昌平区十三陵镇康陵村

得过眼病，有段时间看不见，后来部队给治好了，得了个"刘瞎子"的外号。当时延庆、昌平一带，我还挺有名的，一说"刘瞎子"，人们都知道我。

1941年，我18岁，因为家里待不了了参的军。我最早给八路军买东西，八路军缺少物资，布匹什么的都需要。我从昌平买了，给他们送到山里去。末了有人报告，被日本兵知道了，他们派翻译官到处找我。我就去找八路军，人家问我："你乐不乐意参军？"我说乐意！他们说乐意好，参军吧！我就这么参军了。

我第一次杀鬼子是在1942年。当时有60多个日本兵从南口到这边来示威。那时候我们子弹少，我一共就只有8发子弹。平时是不上膛的。一个日本兵拿刺刀要刺我，我赶紧顶上闷子（上膛）一枪把他打死了。那阵儿我根本不知道什么叫害怕。之前从没打死过人，但打死了也不害怕。我入伍半年之后入了大部队，在老十团当侦察员，就是因为我们团长看我胆子大，机灵，反应快。

▼ 跟翻译官的女人套出情报

我主要在延庆、昌平一带侦察敌人的情况，有多少敌人、有什么动向等。有一次，部队派我去延庆侦察一队日本兵到底有多少人，我进不去城，就装成打工的进城做工，找机会打探消息。进城第三天，城北面有一个大院子，是日本翻译官的家，雇人打扫卫生，这活儿雇着我了。我去了他家，给他打扫得特别干净。他们家女主人看我打

扫得好就跟我说话。聊了一阵一看有门儿，我就问这个女人："你们当家的干什么的？"她说："翻译。"我又问："他们有多少人呢？"她也没有防备，告诉我说："没准，平常10多个人，忙的时候二三十人。"后来翻译官回来了，见我打扫得很干净，跟我聊天，听我口音不对，开始怀疑我，但我任务也已经完成了，赶紧回去报告给部队，让部队掌握了敌人的兵力。

有一个姓曹的人，大家都叫他曹歪子。他原来贩过烟土，我们互相认得。结果

他当了叛徒，投靠日本了，因为他知道我是侦察员，我就回去跟首长如实报告了这个情况。为了安全，打那时候起上面就不让我去延庆调查了。

▼ 拼死送信保全大部队

我曾经死里逃生。那次我们 5 个侦察员晚上遭到了日本兵的偷袭。我们睡着觉，一睁眼日本兵已经进屋了，我们的枪也被收走了。他们要把我们 5 个人整个儿捆上。当时他们有两个便衣的特务，屋子里人一多，把我当成他们的便衣了，捆别人的时候，我偷着钻了出去。我一路跑到岗楼，心想我的枪丢了，枪是一条命啊！我想从岗楼的鬼子手里抢一把枪。可是他们 4 个人站岗，我一看没希望了。我一跑过岗楼就回头骂他们："老子侦察员！你们逮不着了！"骂了就后悔了，他们知道少抓了一个人啊。

我拼命跑回团部去报信。那天我摸着黑死命跑了 3 个多小时。跑回去一报告，团长说亏得你跑回来了，不然咱们十团就完了。我说我枪没了。团长说："甭提了！丢就丢了，跑回来好！"说完又奖励给我一把枪。敌人没我跑得快，我给团里争取了战斗的主动。（严重地咳嗽）我这个肺病就是那次跑回团部送信，渴急了见着泉水趴在路边就喝，喝完接着跑，一下子炸肺了，再也没好。（严重地咳嗽）后来就总是咳嗽、喘，不然我不会回来（退伍）。我是骑着马回来的。部队觉得我有功劳，给我一匹马。政委一共 3 匹马，就给了我一匹，让我回家好好种地。结果回来以后村里人不太相信，谁听说过退伍给马的呀，是不是抢的？后来他们一调查确实是给我的。（笑）

刘万付的参军证

> 子辈讲述

▼ 坚持入伍，带村致富

我叫刘水年，是刘万付的小儿子。1955 年 8 月出生，快 60 岁了。我爸爸抗战的事他不跟我聊，都是来了老战友时大人聊天我在旁边听到的，就爱听那些他当侦察兵的故事。我爸爸年轻时候能跑，反应快，搞情报准。只要老十团一提"刘瞎子"大家全认得。昌平、延庆包括密云一带我爸都有名。

我们爷儿俩原来关系不好。他倔，我猴儿（顽皮）。有一段时间说不了两句话准翻车。但是他干革命的事我还是服他。

我小时候淘，跑得快、反应快，这一点随了我爸了。放学贪玩，经常挨揍。我是我们村的孩子头，也常因为哥们儿义气打架，回家不敢说。我爸退伍时候部队给了一支枪，没有子弹。我偷出来玩过，那枪当时跟我一般高，那时候就想什么时候也能成为一个真正的兵。后来初中毕业，部队征兵我非要去。我爸特别支持，我妈不乐意，说部队苦。我爸说了，年轻人老在家待着有什么出息，当兵锻炼锻炼。

到了部队我知道当兵的意义不仅仅是夏天能穿上时髦的"的确凉"军装那么简单，在部队里得到了很大的锻炼。

1974年，我当兵走的时候连团员都不是，1975年到部队我就入团了。1976年，因为表现优秀入了党。当时我是指挥连的通信兵，外线业务突出，还得过一次连嘉奖。我在1979年复原后回家务农。

再后来，我多次当选为村里的书记，先进党员的证书得了一大摞，2011年刚退下来。我最欣慰的是，2007年我当选村书记兼村长，并为村里做了一些事。那时候在上级部门的规划、指导下，我们找了一位明清史专家，为村子的发展进行了定位，决定打"春饼"这张牌。明武宗死后葬于十三陵中的康陵。据说，正德年间，武宗南巡，不愿意在用餐上耽误时间，随从为他准备了薄饼，卷上淮阳风味菜品，武宗吃后大加赞赏，从此正德春饼流传下来并被带回宫中，成为北京的特色饮食。

按照这个发展思路，村里当时一共有十二三户开了春饼店，到2008年有了起色，2009年火了。现在村里开春饼店的有二十八九户了。现在人们一说吃春饼，就知道我们康陵村有名。

再过几个月，我就满60岁了。我爸爸现在跟着我过，他耳背了以后，需要更多的照顾。他现在吃喝拉撒特别听我的话。一天三顿伺候他吃饭，喝保健品增强抵抗力，就是这肺病，一严重了就喘得厉害，就到处找偏方。希望他能一直健健康康的。

刘万付与儿子等的合影

孙辈讲述

▼ 微笑服务，诚信经营

我叫刘树新，1982年出生，今年33岁，是刘万付的孙女，刘水年的女儿。小时候爷爷给我讲过他当年的故事。印象最深的就是鬼子追，他拼命跑，落下了这个肺的毛病。从小我就觉得在鬼子的枪下跑，真不容易。我的孩子唐伟博今年3岁半了，我也会给他讲爷爷的故事。

现在我在高速公路收费站工作，业余时间帮助老公经营家里的春饼店。现在是和平年代，我们不可能上战场打鬼子，我觉得抗战精神的传承就是在平凡的岗位上做好自己的事情。我的工作很普通，但我很喜欢，收费站小亭子里非常安静。每天我微笑服务，让每一个通过的司机师傅都能有一个好心情，有时候司机的车水箱没水了，我们就帮着提供水。有时候车坏了，我们就帮着推车。有的司机病了，吃药没热水，我们就会递上一杯纯净水，这些都是很小的事情。

家风的传承——我们家鲜为人知的抗战故事

我觉得有一点，我跟爷爷、爸爸很像，就是心眼实诚。爷爷跟我说过，他们上侦察课首先就讲，无论什么情况，得跟首长说实话。当时情况复杂，为什么一打仗很快就能掌握对方的情况？都是因为情报站、地下工作者、侦察员的认真调查、如实汇报。我爸对人也是特别真诚，有时候都有点"傻"了。有一次在外边遇上一个人说没有路费了，回不了家，500块钱卖手机，他自己有手机，但是二话不说就买了，对人太实诚。他们从小就教育我，对人要实实在在的。也因为这样，我爷爷搞情报有很关系多过硬的线人，我爸爸在村里也非常有威望，我也有很多好朋友。现在我们经营的春饼店，生意经就是诚信经营。隔夜菜绝不会上桌。客人剩下的饭菜，比如当天剩的拌菜，青菜给鸡吃，肉食给狗吃，一定给顾客吃新鲜的。这样我们有了很多回头客。

我想，我会永远传承爷爷和父亲这些好的精神。

抗战魂，薪火传

今年是抗日战争胜利70周年我们这些抗日战士①为今天的美好生活而倒感②自豪感谢政府对我们这些老兵的关怀

刘万付
2015.6.18

---

① 应为"战"。——编者注
② 应为"豪"。——编者注

今年是抗日战争胜利70周年。
新四军老到团输锦造的历史是不荣①陵来的，是中华民族的倚②贵财富，中华民人永世不忘。

刘树新 2015.7.22.

鲜血染红旗
生命铸丰碑
烈土奠基业
后人永不忘

刘树新

2015.7.22

---

① 应为"容"。——编者注
② 应为"宝"。——编者注

少年文艺兵娄连智家的抗战故事

文／钱卫华　图／赵思衡

老兵讲述

老兵档案

姓名：娄连智
年龄：90岁
住址：北京市丰台区梅市口

▼ 小小文艺兵，欢乐送基层

我叫娄连智，河北人，1925年2月出生，今年90岁了。我是1938年春天参的军，一直到1945年抗日战争结束。新中国成立后，我被调到济南军区做参谋，后来转业，直到

1986年退休。我参军时年龄比较小，只有13岁，一开始是营教导员的勤务兵，后来教导员负伤牺牲，我被调到宣传队，以慰问演出为主，相当于现在的"文艺兵"。那时候部队里的精神文化生活比较匮乏，所以我们的演出很受欢迎，大家非常喜爱，在战斗间隙或者部队休整的时候我们就"上场"演出，有时候也教大家唱歌，还教大家打球，丰富部队里官兵的精神生活。

1940年，我从团宣传队调到三八五旅宣传队，一开始队里只有不到100人，没有女兵，一年后才来了两个女兵，大家演出也没有分工，自己觉得胜任哪个角色就可以演，这样持续了一段时间后，宣传队才分成几个小队。当时我们常演的戏有《交公粮》《打渔杀家》等，既演给部队里的人看，也让周边的群众观看，这样也是为了发动群众。我在慰问团里年纪最小，个子不高，所以常演的是小孩角色，也演过哑巴、日本兵的角色。不过，演起戏来，别看我是团里文化水平最低的一个，大家还是很喜欢我的，哪怕我演的是没有台词的"哑巴剧"，只能靠动作和表情来表达情绪，比如做个不满意的神情或者动作，都能逗得台下观看的部队官兵和周边群众哈哈大笑。在那个年代，能够让大家哈哈大笑，给大家惨淡的生活制造欢乐，是我们宣传队最想做好的一件事。

▼ 参与突袭，救百余民工

我们"文艺兵"主要是慰问演出，但不代表我们完全远离战场。

1940年至1942年，我们慰问团主要驻扎在山西武乡县一带。和上战场直面枪林弹雨的官兵相比，我觉得我们几乎没有危险。当然，有时候我们离敌区也非常近，但是一旦发现有危险，我们就会马上转移。后来我逐渐长大，开始参与一些后方的营救保障作战。在我的印象里，离战场最近的一次，是参与突袭营救一批被抓走修铁路的中国民工。

那是1940年秋天的一个晚上，我们把那次营救叫"南关战斗"。当时很多中国男子被敌人抓走修铁路，我们负责营救的是修其中一段铁路的100多人。当天晚上，前方部队和敌人打了1个多小时，听枪声知道打得非常激烈，离我们也不远，子弹横飞，都飞到我们这边来了。部队从正面吸引敌人的火力，其实是声东击西，好让我们10多个人趁机"抢人"。幸好当时看守修路民工的兵力不是特别多，而且主要是伪军"二鬼子"，日本兵不是很多。后来，我们顺利救出了100多名被抓的修铁路民工。他们被救出来的时候，都惊魂未定，说听枪声打得这么猛，还以为凶多

家风的传承——我们家鲜为人知的抗战故事

吉少了，没想到是我们在不顾一切救他们脱离苦海。

▼ 帮"三光"村民重建家园

我虽然没有亲眼目睹过战场的残酷，但曾见过日军"三光"政策"扫荡"留下的满目疮痍。

在日军大"扫荡"过程中，根据地老百姓大量被残害，生活愈发艰难困苦。为安慰受苦的老百姓，唤起他们抗战的精神和力量，八路军组织三八五旅、一二九师、三八六旅的各个宣传队组成慰问团，分散到根据地各个地区进行慰问演出。我记得，我们慰问团，沿着涉县、武安和左权县（原为辽县）3个县，以30里为范围进行"巡演"。那时候白天赶路，晚上演出，演的主要是"活报剧"，都是动作戏，没有台词，讲的是中国人、美国人、英国人一起打日本侵略，告诉老百姓"日本鬼子没几天活头了"。

大概是1941年秋季的一天，我们赶到涉县井店镇慰问演出，可到了镇里看到房子全被烧了，满街都是瓦砾，一个人影都没有。要知道，井店镇不是小镇，它在当时可是个繁华的大镇，有2000多户人家，可是这2000多户的房子被烧得只剩下断壁残垣，除了有一条狗夹着尾巴悻悻地在瓦砾上走着之外，我们的眼前就是一座空城。

我们联系了井店镇附近村里的老百姓，才知道镇上侥幸躲过一劫的人藏到了山上，他们一时不敢下山。问清情况后，我们就托人带信到山里给井店镇的负责人，让负责人先下山来，然后想办法让老百姓也下山重建家园。为了给老百姓吃定心丸，我们慰问团组织了火把游行，敲锣打鼓告诉老百姓已经把敌人赶跑了，赶快回来重建家园。就这样，老百姓陆陆续续回到镇上，开始重建家园，我们一直待了3天才离开，其间，帮着老百姓整理镇子，也给遭受了战争创伤的老百姓进行慰问演出，以鼓舞他们重建家园的信心。

娄连智（左图左一，右图右一）青年时代与战友的合影

> 子辈讲述

▼ 父亲影响下工作认真，热心助人

我叫娄卫红，是娄连智的小女儿，今年47岁。父亲抗战时期的经历，虽然平时他很少说起，但教育我们时的只言片语，却给我们留下了深刻的印象。小时候，在饭桌上，父亲要求我们碗里不能剩饭，饭桌上不能掉饭粒，他说："你们想想那时候我演交公粮的戏，就可以知道粮食多么来之不易。"我们一家人都养成了珍惜粮食、珍惜所拥有的好习惯。

父亲是个做事特别认真的人，常常告诫我们兄弟姐妹4个，做事要有始有终，要认真负责，干一行爱一行，要团结同志，这一点我们几个深受父亲的影响。1984年我初中毕业，进入北京同仁堂股份有限公司同仁堂制药厂工作，一转眼已经工作22年了。当时就觉得在那里上班，穿着"白大褂"，也算是"白衣天使"，所以很为自己的工作自豪，无论是刚开始的包装岗位，还是现在的库管岗位。说起来，库管岗位十分平凡，可它同样特别需要认真负责的精神，否则就可能给单位带来不可估量的损失。平时我主要负责收发、管储包装材料，涉及百多种包材，其中有些看起来十分相似，非常容易混淆，可尤其这样的包材，我不能出错。忙的时候，一天最多要发60万份包材；复杂的时候，一天要发三四种包材。如果我不细致核对，发错包材，然后产品进入市场环节，那么不只会给同仁堂带来经济上的损失，还有造成不可挽回的名誉损失，更是对顾客的安全造成损害。

父亲很爱帮助别人。记得小时候，有一次父亲单位的一个工人刚领了工资就被偷走了，父亲知道后，二话不说就把自己的工资借给他了。可实际上，因为母亲没有工作，我们全家就靠父亲的收入支撑，这下子，我们

娄连智与女儿、女婿的合影

那个月过得捉襟见肘。可也正是在父亲热心帮助人的影响下,我养成了热心肠和"好管闲事"的性格。无论在单位里,还是大街上,我只要见了"不平"就忍不住要管。比如,走在大街上,我只要看到有人乱扔垃圾,就肯定上去跟人家说:"垃圾桶就在前面,为什么不扔到垃圾桶里去?"

现在,父亲跟我生活,身体不是很好,因为耳背,交流起来不是很顺畅,但我会竭尽全力照顾好他。对我而言,无论是认真做事,还是热心助人的品质,我觉得早就在父亲的影响下,溶进了我的血液中,将伴随我的整个人生。

孙辈讲述

▼ 平凡岗位上认真做事,用心待人

我叫娄雪飞,1985年出生,今年30岁,是娄连智的孙女,三儿子娄继红的女儿。我从上小学起,就跟随爷爷生活,所以爷爷对我产生了非常深的影响。我觉得我的爷爷不一样,他做事尤其认真,教导我做事就要做好,不能马马虎虎、半途而废。为了鼓励我好好读书,他带着我上新华书店,买最好的铅笔送给我;在待人方面,别看他对自己无所谓,可是特别为别人着想,我想这是经历过战争的人,尊重生命的一种表现吧。别看我只是一个小孩子,爷爷每年都会记着给我过生日,所以小时候的我觉得家里很有文化气息。

我现在在西城区环境中心服务一队工作,是一名普通的机扫车司机,我说的机扫车就是大家经常在路上看到的那种会喷水的中型洗涤车,对路面连扫带洗,打扫的同时要将尘土降下去,不能因为打扫造成扬尘。我做这个工作已经六七年了。以前上早班的时候,每天凌晨4点,别人还在熟睡,可是刚20岁出头还处于贪睡年纪的我已经起床赶往单位了。清晨5点,我开着机扫车出门,在7点30分早高峰来临之前,把属于我负责的金融大街一片的非机动车道打扫干净,包括胡同等所有的角落都要清扫到位,这样一趟下来大约打扫20公里长的路面。相比而言,机械化操作的我们,没有以前环卫工人的那份劳累,可是更需要用心和认真,因为我们要兼顾驾驶安全和清扫干净。

我连上了3年的早班,无论刮风下雨我都准时到岗,偶尔也有委屈的时候,可是我坚持下来了,从来没有"撂挑子"。因为我知道,如果我临时"撂挑子",肯定就得由别人来替我工作，可是我不可以增加别人的负担。我记得爷爷经常跟我说的话："要认真工作，多为别人着想，不可以成为别人的负担。"我的岗位很平凡，可是我负责打扫的路段是非常重要的路段，我要提高自己的责任意识，传承爷爷的精神，做好工作。

我很庆幸我有一个这样的爷爷，希望能够继承、延续爷爷的精神。我的孩子今年9岁了，我会把爷爷的故事讲给他听，让他也传承太爷爷的精神，就从现在开始吧。

抗战魂，薪火传

抗战胜利70周年之际，我们要铭记日本侵略中国的历史！

娄志敏
2015.7.11

抗战胜利来之不易，我们永远不能忘记它！

娄卫民
2015.7.11.

继承先辈的优良传统，不忘国耻。

娄雪飞
2015.7.11

"活着的刘胡兰"王志坡家的抗战故事

文/潘珊菊　图/赵思衡

王志坡（左三）与三个儿子的合影

老兵讲述

老兵档案

姓名：王志坡
年龄：88岁
住址：北京市平谷区镇罗营镇

▼ "天下兴亡，匹'妇'有责"

我叫王志坡，北京平谷人，1927年4月出生，今年88岁。1941年开始从事妇救会主任工作，1943年加入中国共产党，是抗日战争时期的老妇救会主任、老共产党员。在炮火硝烟的战争年代，我负责组织妇女为部队做军鞋、军袜、缝洗军装，为八路军送信，秘密转移伤员，照顾伤员。

1941年，年仅14岁的我嫁给了大我好几岁的李永华，他在那个年代是镇里罕见的独生子，我们家兄弟姐妹多，我便像童养媳一样嫁到关上村了，我爱人那会儿已经参加革命，并入党成为一名民兵，作为村里的热血青年，他非常上进，为人正直，每次在训练时都会获得大红花，那时我就挺崇拜他，也想像他一样为抗日尽一份微薄之力。1944年，我爱人跟随游击队地方武装到密云古北口的革命根据地，日本兵开始"扫荡"，对根据地进行围攻，后来地方武装被迫分散到各地，我爱人又回到了老家，组织游击队专门负责打击日本鬼子。

在抗战年代，我们村里的人都很老实，那时敢去送信的人不多，出了意外没人敢负责。如果不是我爱人的影响，我也不可能走上抗日这条道路，后来我也加入了妇救会。"妇救会"是"妇女救国会"的简称，在中国抗日救亡运动的高潮中，妇女救国会在当时的主要任务，是组织妇女为中国共产党领导的军队准备军鞋、军粮等军需物资，照顾伤病员，并以隐蔽的身份参加各种爱国活动。

在爱国救国运动中，我们倡导"天下兴亡，匹'妇'有责"的响亮口号，充分利用自身的优势团结广大妇女，支援抗战。妇救会不仅提供军需，还与武装组织配合抢救伤员。

王志坡（前排左二）的全家福（摄于20世纪70年代）

▼ 鞋袜掩牛棚，信件藏头脚

当时作为妇救会主任的我还要找一些信得过的年轻小媳妇一起做军鞋、袜子。当时作为女孩子，面对日本兵都很害怕，在离村口不远处的北门，就驻扎着日本兵。为了隐藏妇救会的身份，防止敌人"扫荡"的时候暴露，我每次都会把做完的军鞋和军袜藏在家后面的牛棚里，我在那里挖了一个大坑，把大缸放坑里，再把鞋袜放进大缸盖好，最后在最顶层铺上一层厚厚的牛粪来进行掩盖。

另外，我每次给密云方面送信，为防止敌人认出来，我都会把信藏在我头发扎起来的大髻里，或者藏在自己缠足的裹脚布里。由于去密云只能走北边的一座山，送信必须翻山过去，从镇罗营到密云行程有20公里，连跑带走的话至少得4个小时，虽然当时我裹小脚，但我走路也是很快的，我有一个技巧是前脚掌先着地，这样可以减轻疼痛感。同时，当我一个人送信时，我还要学会乔装打扮，把脸弄得脏一点，跟要饭的似的。

▼ 矮个妇女架伤员，搜查躲在墙缝中

在转运伤员过程中，我们要先使用木板把他们受伤部位固定好，然后一路架着比我们重几十斤的男伤员走几十里路，而那时我只有一米五几，是个小矮个，我需要把伤员送到村里，从密云一路辗转转移到镇罗营，让他们到这里来养伤。伤员在这里也要注意躲避敌人搜查，有一次家里有一个伤员在养伤，日本兵来了，我赶紧把伤员藏在我们家和邻居家的墙缝里，并拿了一些玉米秸、柴草把伤员隐藏起来，那会儿可悬了，把我给吓坏了，幸亏我掩饰得好。

子辈讲述

▼ 言传与身教，潜移默化影响深

我叫李维领，今年60岁，我是王志坡的女儿。我的父亲和我的母亲都是抗战时期的老党员，我们兄妹5个是从小聆听着父母的抗战故事长大的，在儿女们心中，父亲是抗战时期的民兵大英雄，母亲是"活着的刘胡兰"。值得一提的是，在家庭问题上，父母对长辈非常孝顺，这也给了我们潜移默化的影响。我父亲和母亲对我奶奶特别孝顺，那时生活困难，奶奶病了，需要白糖做药引子，没有钱买，母亲就卖了头发买白糖，对奶奶百依百顺。

我父亲虽然是家中独子，但从没和奶奶吵过一次嘴、红过一次脸。我父亲大我母亲9岁，1990年，我父亲得了脑血栓处于昏迷状态，在家人7天7夜的陪伴下，父亲终于苏醒过来了。那时我父亲能够有第二次生命，真的是离不开我母亲和我们兄弟姐妹的共同照顾。

我母亲在我们很小的时候就自己撑起这个家，她还要照顾我父亲，她付出得太多了。如今母亲年龄大了，已经不能行走了，生活不能自理，我哥哥、嫂子、弟媳都一起照顾，家庭氛围非常融洽。

所谓环境造就人，父母对我们的教育比较正统，我们从小很少受父母教育，主要是言传身教，在学习方面我们很自然就会往好的方面学，其实这些影响都是隐性的。他俩不畏牺牲、出生入死、英勇万分的抗战事迹令儿女惊叹。他俩的崇高信仰、对党的忠诚、对大国小家的挚爱深深感染着、教育着儿女们。我们为有这样的父母亲而感到光荣、骄傲和自豪。

作为抗战老党员的后代，我们有责任有义务将他俩的抗战事迹代代传颂，将他

王志坡（前排右一）与儿子等的合影

俩的优秀品质代代传承，接过父母的接力棒，以父母为楷模，为实现中华民族伟大复兴的中国梦而贡献自己的一份力量，永做无愧于党、无愧于人民的抗战老党员的后代。

孙辈讲述

▼ 教育下一代，待人接物守规矩

我叫李海荣，1973年出生，今年43岁，我是王志坡的大孙女，下面还有1个妹妹，3个弟弟，小时候爷爷奶奶在村里还是有一点威望的。我们家做人做事都很有原则，很有礼貌，家教也挺严格，老一辈经常教育我们平常不能做错事、说瞎话，做人要正直，那时奶奶经常跟我们讲起她们妇救会的故事，比如如何躲避敌人的搜查，那时觉得奶奶特别勇敢和刚烈。

我们家从爷爷奶奶到父亲再到现在的弟弟，都是党员，为人都挺正直实在的，为人处世都受到了老一辈的影响。我有一个小孩，现在已经上高一。在农村教育孩子，一定要让他们学会尊老爱幼、孝顺父母，做人做事一定要守规矩，现在用老一套的方式他们可能一下子接受不了，但下一代还是挺懂事，还是能够理解我们的。

抗战魂，薪火传

寄语

来好生活来得不易，
千万不要忘记过去。

王志坡
（口代书）
2015.7.1

寄语

做无愧于抗战志士
奋斗英雄的后代

王志坡战友子
李雅学
2015.7.6

寄语

发扬祖辈光荣传统，
传承良好家风。

王志坡孙子
李冬光
2015年7月7日

抗战感言

我的父、母亲都是抗战时期的老党员。我们兄妹五个是从小聆听着父母讲述他们亲历参与抗战的故事长大的。在儿女们心中父亲是抗战时期的民兵大英雄，母亲是活着的刘胡兰。他(她)们不畏牺牲、出生入死、英勇顽强的抗战事迹令儿女们惊叹。他(她)们的崇高信仰、对党的忠诚、对人民无尽的挚爱深深感染教育着儿女们。我们为有这样的父、母亲而感到光荣、骄傲和自豪。作为抗战老党员的后代，我们有责任有义务将他(她)们的抗战事迹代代传颂、将他(她)们的优秀品质代代传承。接过他(她)们的接力棒，以他(她)们为楷模，为实现中华民族伟大复兴的中国梦而贡献自己的一份力量。永做无愧于党、无愧于人民的抗战老党员的后代！

抗战老党员李永华、生志坡的女儿：

李淮红 2015/8/5

我是抗战老党员王志坡的孙女儿——李海荣[①]：

我非常庆幸出生在这个和谐、健康、向上的大家庭。在我们这个四世同堂的大家庭中有共产党员7名，预备党员1名。爷爷李永华、奶奶王志坡都是抗日战争时期的老党员。

在这个和睦的大家庭中，没有空洞的说教，更没有人要求你应该怎么做，不应该怎么做。可全家人都循规守矩地知道该怎么做。无论是进门的媳妇，还是姑爷也都自觉不自觉地融入了这个无形的框架之中。这大概就是家风的作用吧。有人说：好的家风是一所学校。我觉得这话一点不假。虽然家风是潜在的，但对我们的影响却是巨大的。身教重于言教。长辈们耳濡目染、潜移默化的教育成为我们行为规范的调节器。也是陶冶我们道德情操的天然熔炉。特别是爷爷奶奶和我父亲姑姑叔叔们，他们对党的忠诚和热爱、他（她）们的正直善良深深地教育和影响着我们。还有爷爷奶奶的孝道在这个大家庭也得到了传承。奶奶瘫痪在床，不能自理多年，无论是孙媳还是重孙儿重外孙接屎接尿从来不嫌脏。因此在附近三里五村我们这个大家庭落下了人心正、父母慈、儿女孝、婆媳睦、妯娌和、子孙贤的美名，并多次被评为五好文明家庭。

2015年6月20日

[①] 王志坡老人及家人对此次抗战寄语的征集非常热心，共寄来5份寄语，其中李海荣的寄语为打印稿形式。——编者注

后记

"昔日长城战，咸言意气高。黄尘足今古，白骨乱蓬蒿。""醉卧沙场君莫笑，古来征战几人回。"可见战争对战士及其家庭的影响是巨大的。即便是正义的战争，普通士兵的战争经历以及伤亡对自身和家庭的影响也是长远的。

正是从这个角度出发，在纪念中国人民抗日战争胜利暨世界反法西斯战争胜利70周年之际，在中共北京市委宣传部的组织下，在中共北京市委党史研究室的协助下，考虑到北平地区健在的抗战老兵情况，我社策划并推出《家风的传承——我们家鲜为人知的抗战故事》，将战争影响的视角聚焦在普通抗战老兵及其家庭身上，希望从家风传承角度来总结抗战精神。

个人及其家庭是社会的组成单位，家风对于整个社会的道德建设有着举足轻重的影响，这也正是党中央和国家高度重视家风传承作用的原因之一。在得到中共北京市委党史研究室给出的北京抗战老兵名单后，在策划上我们把眼光聚焦在目前依然健在的北平地区（既包括现今住在北京，也包括抗战时期在北平地区战斗过）普通抗战老兵身上。希望老兵讲述其亲身经历的鲜为人知的抗战故事，更希望老兵的儿辈、孙辈能够从其讲述中领悟到爷爷奶奶的抗战经历，对自己的人生、对自己家庭的家风产生了什么样的影响。

在选题策划阶段，市委宣传部对该选题非常重视，并将其入选"北平抗战实录丛书"。市委宣传部出版处负责同志，不但亲自为该书联系京华时报报社承接该选题组稿任务，更为该书的策划和成稿提供了宝贵的指导意见！

北京市新闻出版广电局和北京市社会科学理论著作出版基金给予该选题的肯定和资金扶持，确保了图书前期制作方面的顺利进行，对此我们深表感谢。

该书的组稿工作是极其艰辛的，京华时报社临危受命，报社领导对组稿工作高度重视，张辅评副总编辑、张灵主任更是全力组织协调。在人力和时间非常紧张的情况下，组织一大批记者着手搜集资料、开展前期调研、进行采访等工作。由于我社在策划上增加了诸如老兵及家人留言、提供老兵采访音频、视频资料等细节设计，为此给报社记者增加了不少工作负担，在此表示歉意。

由于稿件是陆续反馈的，我社在拿到稿件之后，快速组织编辑进行稿件审读和反馈，有些内容不详或须确认的稿件又返稿给记者，与被采访者进行沟通确认。即便如此，该书组稿工作还是比较高效地在一个半月内全部完成，这与京华时报社和我社的密切配合以及报社极高的工作效率是分不开的。

中共北京市委宣传部为该书组稿阶段组织了专家论证会，各位专家为该书提供了宝贵意见和建议。中共北京市委党史研究室刘岳老师对全书稿件进行细致审读，提出了优化意见；李路老师周末为该书质检专门审读，为我们提供了不少中肯的修改意见；另外，北京档案馆的刘苏老师，对该书的组稿工作提供了大量的资料素材，在此一并表示真诚的感谢。

在该书的后期制作阶段，非常感谢北京电视台新媒体发展中心的诸位同人为该书的二维码制作付出的努力。

在包括但不限于上述诸方面的协助下，以及本书项目组的艰苦努力下，我社终于在30天内完成了对该稿的优化加工和细节设计工作。

由于该书成书过程较为仓促，如有不妥之处还请各位读者不吝指正。

为了较为清晰地捋清抗战老兵及其家人总结出来的抗战精神形成的家风，我们把比较类似的家风故事做了简单的分类：

第一类家风主要是爱国爱家的榜样模范精神。这些老兵们出于对祖国的热爱、对信仰的忠诚奔赴战场，飞马扬鞭英勇杀敌，因此他们传承给儿孙的精神就是永远把党、国家的需要放在第一位，德行方面要堪为表率。我们坚信这样的家风传承必成为国家稳定的希望。

第二类家风主要是爱岗敬业的无私奉献精神。这些老兵不惜抛头颅撒热血，奉献生命乃至自己家庭所有来抗战，因此他们传承给儿孙的精神是不论处在什么样的岗位，都要干一行爱一行，讲付出讲奉献。我们坚信这样的家风传承必成为国家发展的动力。

第三类家风主要是百折不挠的坚强不屈精神。这些老兵在枪林弹雨中摸爬滚打，不知疲倦不畏辛劳，因此他们传承给儿孙的精神是永远不能被苦难打倒、永远不要在强敌前屈服。我们坚信这样的家风传承必成为国家繁荣的基石。

第四类家风主要是勤俭节约的艰苦奋斗精神。这些老兵在战场上吃苦受累、流血流汗，只因为相信胜利终会到来，因此他们传承给儿孙的精神是不论在战争还是和平年代，永远不要放弃艰苦奋斗的传统。我们坚信这样的家风传承必成为国家昌盛之根本。

第五类家风主要是乐于助人的诚实友善精神。这些老兵在战争最需要他们的时候，舍身投入，不求回报，因此他们传承给儿孙的精神是永远要助人为乐，待人诚实友善。我们坚信这样的家风传承必成为国家文明的力量。

虽然抗日战争已经过去了70年，但抗战的精神却一直传承，成为我们日常生活中容易忽视却无处不在的家风精神。

为了扩大抗战老兵家风精神的传承，我社特地安排了该稿的家庭试读会，邀请来自北京地区各行各业的20余个家庭参加试读，并请他们留下了"抗战魂，家风传"的寄语。在此对参与的家庭表示诚挚的谢意！愿抗战老兵宝贵的家风精神能传遍千家万户，代代相传！

当我们读到老兵们回忆战争往事，为了那些死去的战友泣不成声，为了今天依然能够活着而感恩时，我们希望读者们能够关注这些最可爱的老兵：正是因为他们平凡而伟大的战争经历才铸就了难能可贵的家风传承，正是因为他们的浴血奋战才有了今天的和平安宁，正是因为他们这些中华民族的脊梁才造就了我们可歌可泣的不朽历史！

战争永远是人类痛苦的记忆，我们今天在此纪念战争的胜利，乃是希望警醒那些亡我之心不死的侵略者：多行不义必自毙！同时更是总结我们这个民族之所以屹立千年、战胜外族侵略的根本原因：因为我们有敢为国家赴死的铁血战士，因为我们有千千万万支持战士的家庭，因为我们有最伟大的人民，因为我们最伟大的人民有代代相传的家风精神！

守护老兵，如同守护我们的家人，守护我们的精神家园。

北京燕山出版社

2015 年 8 月 15 日

守护老兵
守护我们的精神家园

——为抗战老兵售书捐赠活动

2015年正逢中国人民抗日战争胜利暨世界反法西斯战争胜利70周年之际，在中共北京市委宣传部的组织下，多家出版社联合推出了"北平抗战实录丛书"12种，北京燕山出版社有限公司（以下简称北京燕山出版社）参与了其中3种，即《文物背后的抗战故事》《家风的传承——我们家鲜为人知的抗战故事》《永远的丰碑——北平抗战英雄谱》的出版工作。

在策划、出版上述图书过程中，项目团队接触了大量曾经亲身经历抗战的老兵及其后代，有幸了解了他们的生活状态，被他们的爱国精神和民族气节所感动，切实感受到他们是"最可爱的人"。目前北京地区可能还没有专门服务于抗战老兵群体的组织，作为负有高度社会责任感的出版企业，我们决定以"售书捐赠"的形式，为老兵做一些力所能及的事。

此次捐赠由北京燕山出版社发起，并通过北京文物保护基金会（以下简称基金会）进行公开捐赠。基金会由北京市文物局主管，旨在为文物保护事业筹集资金，开展修缮、咨询、专业出版等工作。

经过双方协商，形成如下决定：

一、本次活动的捐赠来源及方式

（1）从北京燕山出版社上述3种图书的公开销售（包括新华书店系统、民营书店系统以及电商平台）中，按每销售1册提取1元的比例，捐赠给生活困难的抗战老兵及其家庭。

具体操作方式为：北京燕山出版社提供并公开销售数据，由基金会查验后，按照捐赠方式约定计算出捐赠资金。北京燕山出版社将该笔资金汇入基金会账户。双方召开现场捐赠会。

（2）抗战主题书法作品义卖所得。在捐赠会的现场，将书法名家向彬先生 3 幅抗战主题书法作品进行义卖，所得收入全部作为捐赠资金。

二、捐赠对象

经相关部门和相关组织的共同努力，汇总抗战老兵（包括但不限于上述 3 种书涉及的老兵）及其家庭名单。在征得他们同意后，经过相关部门、北京燕山出版社和基金会共同筛选，最终确定接受募捐的对象。

三、捐赠时间

（1）2015 年 12 月 13 日。

（2）2016 年 8 月 15 日。

四、活动公开与监督

两次现场捐赠之前一周，北京燕山出版社将销售数据和捐赠额度公布在官方网站、官方微博以及微信公共号，上述网站等相关信息请查看本书版权页。基金会也将同时发布相关信息。欢迎社会各界关注。

北京燕山出版社有限公司

北京文物保护基金会

2015 年 8 月 15 日